Nicola Schmidt
Geschwister als Team

EIN ARTGERECHT-BUCH

Nicola Schmidt

# Geschwister als Team

## Ideen für eine starke Familie

KÖSEL

Komm ins Dorf!

MIX
Papier | Fördert gute Waldnutzung
FSC® C014496

Penguin Random House Verlagsgruppe FSC® N001967

8. Auflage 2025

Neumarkter Straße 28, 81673 München
produktsicherheit@penguinrandomhouse.de
(Vorstehende Angaben sind zugleich
Pflichtinformationen nach GPSR)

Umschlag: Weiss Werkstatt München
Illustration: Claudia Meitert
Umschlagmotiv: © Stella Mai / plainpicture.com
Lektorat: Ralf Lay
Satz: Satzwerk Huber, Germering
Druck und Bindung: GGP Media GmbH, Pößneck
Printed in Germany
ISBN 978-3-466-31104-0
www.koesel.de

# Inhalt

# Geschwister als Team – so geht's

## Statt einer Einleitung

*»Nicola, ich brauche es einfach, machbar und umsetzbar!«*

ANNA

### Warum wir uns Hilfe wünschen dürfen

Ich sitze mit Anna am Tisch, und sie erzählt von ihren beiden Kindern, zwei und fünf. »Die beiden lieben sich heiß und innig«, sagt sie, »andererseits haben sie bei ihren Streiten solche Schreianfälle, dass die Nachbarn denken müssen, hier wäre sonst was los.«

Sie sagt, dass ihr Sohn sehr eifersüchtig war, als die kleine Schwester kam. Sein Gefühl, die Kleine habe ihm »Mama weggenommen«, konnte Anna wohl sehen, aber sie war mit zwei kleinen Kindern schnell so überfordert, dass sie ihm nicht helfen konnte. Im Gegenteil: Sie fühlte Wut und Ablehnung gegenüber dem fordernden Sohn, der in ihren Augen ja »schon groß« war.

Als die kleine Schwester größer wurde, kam es immer öfter zum Krach zwischen den Kindern. Das Muster war immer dasselbe: Die kleine Schwester stritt mit ihrem großen Bruder, bis der sie haute, gleichzeitig stichelte sie regelmäßig so lange, bis er ausflippte. Anna hat sich mit gewaltfreier Kommunikation beschäftigt und weiß, was kompetente Kinder brauchen. Ihr ist klar, dass sie kein Kind bevorzugen darf, und sie hat all die klugen Ratschläge gehört: die Kinder spiegeln, gerecht sein, keine Strafen verhängen ... »Aber die Kinder fühlen sich unfair behandelt, wenn ich eingreife, egal, was ich tue«, klagt Anna, »und ich verstehe sie auch nicht – warum dieser ständige Streit?«

Als Coach habe ich mit vielen Eltern gearbeitet, die die gleichen Fragen stellten wie Anna. Sie geben ihr Bestes für ihr erstes Kind und kommen dann mit zwei Kindern ganz schnell an ihre Grenzen. Sie versuchen, beiden alles zu geben, ihnen gerecht zu werden, sie zu lieben – und spüren bald, wie schwierig das ist.

Was viele Eltern nicht wissen: Es liegt nicht an uns, dass es so schwierig ist. Wir machen alles richtig. Aber wir Menschen waren immer Teil einer Gruppe, die gemeinsam lebte und sich den ganzen Tag gegenseitig helfen, beraten und zur Seite stehen konnte. Wir hatten Schwestern, Onkel und erfahrene Älteste, die wussten, wie man das mit den Geschwistern gut macht, die von außen auf unsere kleine Familie schauen und uns die richtigen Hinweise geben konnten.[1] Mit zwei, drei oder mehr Kindern waren wir in den vergangenen 2,5 Millionen Jahren niemals allein. Dennoch versuchen viele Eltern, es in ihrer Kleinfamilie oder sogar als Alleinerziehende zu schaffen – und kommen mit dieser übermenschlichen Aufgabe an ihre nervlichen und körperlichen Grenzen. Es braucht den Blick von außen. Es braucht Wissen und Strategien, die man nicht in der Schule lernt.

Also, was können wir tun? Und wie machen es Familien, in denen die Geschwister nicht streiten, in denen jeder im Haushalt hilft, alle zusammenhalten, die durch den Alltag zu surfen scheinen, als gäbe es all die Probleme nicht?

Um das zu verstehen, trägt dieses Buch zehn Jahre meiner Studien zu den Bedürfnissen von Babys und Kleinkindern zusammen, die Erfahrungen aus Jahren in der Elternberatung, Hunderte von Beobachtungen in meinen Familiencamps und den aktuellen Stand der Forschung zu Geschwistern und ihren Beziehungen. Das Buch soll zeigen: Ja, es geht! Wir können als Familie nicht nur »funktionieren«, wir können sogar gut miteinander leben! Freudig! Gemütlich! Singend und auf einem Bein hüpfend! Und das ein Leben lang.

## Eine Reise in die Herzen unserer Kinder

Wir reisen in diesem Buch gemeinsam in die Welt der Geschwister und in die Köpfe unserer Kinder – in denen oft Dinge vorgehen, die wir uns gar nicht vorstellen können. Wir schauen direkt in die Herzen unserer Kleinen. Wir spüren nach, wie sie fühlen, um zu verstehen, was sie von uns brauchen. Und wir können von dieser Reise für uns selbst profitieren: Wir können unsere eigenen Beziehungen, ja, unsere Berufswahl und unser ganzes Leben besser verstehen.

Nach der Lektüre dieses Buches werden Sie nie wieder vor Ihren streitenden Kindern stehen und sich fragen, wie andere Familien das machen. Sie werden es wissen. Sie werden eine Reihe zuverlässiger Wege kennen, um den Frieden wiederherzustellen und beiden Seiten gerecht zu werden. Sie werden selbst auftanken und ihre sozialen Beziehungen auch zu anderen Menschen in einem neuen Licht sehen – was für unsere Kinder gilt, gilt ja oft auch für unsere Partner, unsere Kollegen und unsere eigenen Geschwister. Wie Anna mir sagte, findet sie viele Erklärungen, aber zu wenig praktische Hilfe in pädagogischen Ratgebern. Für den Alltag braucht sie es bitte »einfach, machbar und umsetzbar« – und so soll dieses Buch sein.

## Warum dieses Buch – jetzt?

Ich habe das Glück, mit vielen Eltern in Kontakt zu sein – in den sozialen Medien, in meinen Trainings, meinen Camps, meinen Beratungen. Ich fühle überall die gleiche Verunsicherung, den gleichen Wunsch, nichts falsch zu machen, und die ernsthafte Suche nach dem richtigen Weg – oft bis zur totalen Erschöpfung. Wenn wir dann noch Selbstzweifel, den anstrengenden, schnelllebigen Alltag, die allgemeine Unsicherheit und all die Wahlmöglichkeiten, Verantwortungen und das »Wo ist nur der Elternzettel für den Theaternachmittag im Kindergarten?« hinzurechnen, sehen wir, dass Kinder zu haben wirklich »nichts für Feiglinge« ist.[2] Wir alle wollen es gut, perfekt und besser machen, aber allzu oft sind wir am Ende erschöpft, ratlos oder schlicht überfordert und genervt. Und selbst die, die ein glückliches Familienleben haben, klagen über die Last, die auf ihnen liegt.

Wir alle brauchen keine weiteren »Tricks«, um unsere Kinder zu manipulieren, keine Erziehung und keine »Konsequenzen-statt-Strafen«-Hymnen. Wir brauchen Verbindung, Liebe und praktische Wege, um unser Familienleben auf die nächste Stufe zu heben.

Wir brauchen diese Nähe, diese Familie und diese Liebe jetzt – hier und heute, da Sicherheit so wichtig wird in einer unruhigen Welt, in die wir unsere Kinder entlassen. Was können wir ihnen Besseres mitgeben als stabile Beziehungen und das Gefühl, eine Familie als Team hinter sich zu haben? Wir wissen aus der Forschung, dass Geschwister am Anfang des Lebens besonders wichtig sind, dass sie sich dann zwar möglicherweise jahrelang nur an Weihnachten und runden Geburtstagen sehen, dass am Ende ihrer Tage aber die Ernte dieser Beziehung eingefahren wird, wenn sie alt sind und in den letzten Jahren zueinanderstehen.

Was für ein schöner Gedanke, dass meine Kinder sich noch gegenseitig stützen werden, wenn ich schon längst nicht mehr bei ihnen sein kann.

## Das Geheimnis von Geschwistern als Team

Es gibt Familien, die das friedliche Zusammenleben aller wie von allein prima hinkriegen. Da halten die Kinder von klein auf wie Pech und Schwefel zusammen, gründen später gemeinsam Firmen, beschützen die Kleinen, bewundern die Großen, lernen voneinander und helfen zu Hause, wenn es ans Aufräumen geht. Ich habe mich jahrelang gefragt: Wer sind diese Familien? Was ist ihr Geheimnis? Was machen sie anders?

Nun, es sind ganz normale Familien, und ihr »Geheimnis« ist die Art, wie sie mit ihren Kindern sprechen, wie sie Konflikte lösen, Aufgaben aufteilen und ihre Kinder als Team unterstützen – und im richtigen Moment auch mal in Ruhe lassen. Die gute Nachricht ist: Wir können das alle. Es ist kein Hexenwerk. Es ist nicht angeboren. Wenn wir verstehen, woher unsere Kinder kommen, was sie brauchen und wie wir sie und uns selbst gut unterstützen können, dann kann jeder von uns seine Kinder zu einem Team werden lassen. Es gibt eindeutige Strategien dafür und klare Wege, wie man dorthin kommen kann. Ich bin in der Lage, das zu beweisen. Ich kann das zeigen. Für alle, die auf diesem Weg mit mir kommen möchten, habe ich dieses Buch geschrieben.

## Geschwister als Team – die sechs Bausteine

Während meiner Recherche für dieses Buch dachte ich bald: »Zum Glück bin ich Einzelkind!« Geschwister streiten nicht nur, sie tun sich auch richtig weh, in manchen Büchern wird das Drama der Erstgeborenen beschrieben, in anderen das Leiden der Nesthäkchen, Geschwister mobben einander und wählen Berufe, die sie unglücklich machen, Ehepartner, die ihnen nicht guttun, und werden sogar körperlich und seelisch krank, weil sie es als Kinder so schwer mit ihren Brüdern und Schwestern hatten.

»O mein Gott«, dachte ich, »ist das so?« Ich wollte nicht noch ein Buch schreiben, in dem nur ausgeführt wird, wie schlimm alles war. Aber dann stellte ich fest, dass es offenbar eindeutige Strategien gibt, dieses ganze Drama zu vermeiden. Aus all meinen Quellen habe ich sechs Bausteine erarbeitet, die sich im Praxistest am vielversprechendsten zeigten.

Hier sind sie: Grundsätzlich müssen wir Eltern verstehen, was überhaupt so schwierig an Geschwistern ist und was unsere Kinder brauchen – denn das, was die Kinder benötigen, variiert je nach Platz in der Geschwisterfolge, ihrem Alter und ihrem Geschlecht. Darum geht es beim ersten Baustein, dem Kapitel »Wie Eltern verstehen, was jedes Kind braucht«. Als Nächstes möchte ich zeigen, wie Eltern die verschiedenen Phasen der Geschwisterbeziehung zu nutzen vermögen, denn hier können wir die richtigen Weichen stellen. Der folgende Baustein betrifft die Rollen in der Familie: »Der Kleine ist unser

Sonnenschein! Die Große ist ja so eine Hilfe!« Ja, jeder in der Familie findet seine Nische, aber es ist unser Job als Eltern, das zu erkennen und Kindern auch aus ihrer Ecke herauszuhelfen, damit sie nicht ein Leben lang versuchen müssen, sich selbst zu befreien. Aber auch die Kinder müssen einiges tun, damit das Geschwisterteam funktionieren kann. Einer der wichtigsten Bausteine für ein erfolgreiches Geschwisterteam ist weniger Streit – darum geht es im Kapitel »Wie Geschwister lernen, Konflikte zu lösen«. Das wird schwieriger, wenn Eltern ein Lieblingskind haben oder zwei Kinder mit sehr starken Temperamenten – wie wir damit umgehen können, schreibe ich im Kapitel »Wie Geschwister lernen, zu sich selbst zu finden«.

Wenn diese Grundlagen stimmen, dann können wir zum letzten Baustein kommen: den ganz praktischen Tipps, wie wir das Team, das die kleinen Persönlichkeiten am Ende bilden sollen, unterstützen können. Dazu gehört auch die Frage, wie wir eigentlich mit besonderen Geschwistern umgehen – Patchworkgeschwistern, Zwillingen oder solchen, die nie geboren wurden. Denn auch sie gehören zu unserem »Familienteam« und brauchen ihren Platz.

Falls Sie wenig Zeit haben und in diesem Buch zunächst nur einige Seiten lesen können, dann fangen Sie am besten im hinteren Teil an: Lesen Sie den Abschnitt »Die eine Sache, die alle Eltern tun sollten« (ab Seite 213). Und wenn Sie dann noch Lust und Zeit haben, schauen Sie in den Abschnitt davor – auf die »Drei Fallen, die Eltern unbedingt vermeiden sollten« (ab Seite 209).

Und dann legen Sie das Buch zur Seite. Gehen Sie jetzt und sofort Ihre Kinder anschauen, und stellen Sie fest: »Ja, ihr streitet, aber was für entzückende Kinder ihr doch seid!« Denn wenn wir unsere Liebe in unserem Herzen fühlen können, ist der wichtigste Schritt schon getan.

# Wie Eltern verstehen, was jedes Kind braucht

## Der erste Baustein

*»Geschwister haben den großen Vorteil, ihre ganze Kindheit hindurch in den Genuss zu kommen, miteinander soziale Verhaltensweisen zu trainieren … Dieses soziale Training ist durch nichts zu ersetzen.«*[3]

JIRINA PREKOP

### »Wo ist eigentlich das Problem?« – Das Besondere an Geschwistern

Die Beziehung von Geschwistern ist etwas völlig anderes als eine Kindergartenfreundschaft, die Beziehung zu den Eltern oder Großeltern oder eine Liebesbeziehung. Geschwister müssen nicht genetisch verwandt sein, aber es spielt eine große Rolle, ob und wie sie miteinander aufwachsen. Es kann beeinflussen, wie wir als Erwachsene Konflikte lösen, wen wir heiraten, welchen Beruf wir wählen, wie gut wir mit Krisen umgehen – und manchmal sogar, ob und wie viele Kinder wir bekommen.

Forscher sind sich einig, dass alle Geschwister, im Gegensatz zu jeder anderen Beziehung im Leben, miteinander folgende Erfahrungen machen:

- Sie leben mit jemandem eng zusammen, den sie sich nicht ausgesucht haben.
- Sie haben miteinander die längste sehr enge Beziehung ihres ganzen Lebens, über den Tod der Eltern hinaus.
- Sie können diese Beziehung nicht beenden, sie wirkt nachweislich auch weiter, wenn der Kontakt abgebrochen wird.
- Sie bekommen von unserer Gesellschaft keine Hilfe durch Rituale, mit denen sie die Beziehung gestalten können (wie Heirat, Taufe, Kündigung oder dergleichen).
- Sie müssen bis ins hohe Alter eine Reihe ungeschriebener Gesetze beachten, etwa einander zu helfen.
- Sie müssen sich ein Leben lang miteinander auseinandersetzen und manchmal sogar gemeinsam die Eltern pflegen und deren Hausstand auflösen.
- Viele Geschwister lieben und hassen sich gleichermaßen und müssen das in Einklang miteinander bringen.
- Geschwister stehen vor anderen Herausforderungen als Einzelkinder, ihre eigene Identität zu finden.

### *Geschwisterposition und Persönlichkeit*

Erstgeborene werden eher Präsidenten? Letztgeborene eher Rebellen? Die Mittleren sind lustig, machen aber am meisten Ärger? Alle anderen wissen nicht so richtig, wohin sie gehören?

Eigentlich müsste man ja annehmen, dass Kinder, die mindestens 25 Prozent und bis zu 75 Prozent (bei Zwillingen ja sogar 99 Prozent) ihrer Gene teilen und in der gleichen Umgebung aufwachsen, sich fast gleich entwickeln. De facto sind Geschwister sich in der Tat ähnlich in Bezug auf alle Merkmale, die vererbt werden. Rechnet man diese jedoch heraus, stellt man fest, dass Geschwister aus derselben Familie so unterschiedlich sein können wie willkürlich auf einem Spielplatz ausgewählte Kinder![4]

Auf den österreichischen Arzt und Psychotherapeuten Alfred Adler geht die These zurück, dass für diese Unterschiede zwischen Geschwistern folgende Faktoren eine Rolle spielen: Altersabstand, Anzahl, Geschlecht, aber auch vor allem ihre Position in der Geschwisterreihe. Mit dieser Mutmaßung begann eine Forschung, die immer wieder versuchte, Geschwister auf bestimmte Rollen festzulegen, je nachdem, wann sie geboren wurden. Es hieß, alle Erstgeborenen seien nun mal sehr verantwortungsvoll und alle Nesthäkchen besonders rebellisch.

Und es sieht wirklich so aus: Studien zur Geschwisterposition bestätigen oft mit überwältigender Klarheit diese Stereotypen – aber nur auf den ersten Blick. Die Annahme, dass es »typisch« für Erstgeborene sei, Verantwortung zu übernehmen, und es ein »typisches« Verhalten von Nesthäkchen gibt, scheint die persönliche tägliche Erfahrung zu bestätigen – aber leider sehen wir auch als Forscher oft einfach das, was wir sehen wollen.

Der amerikanische Journalist und Sachbuchautor Jeffrey Kluger präsentiert in seinem Buch *The Sibling Effect* (etwa »Der Geschwister-Effekt«) zum Beispiel folgende Zahlen:

- Erstgeborene machen mehr als die Hälfte aller Studenten an den Ivy-League-(Elite-)Hochschulen aus (66 Prozent).
- Erstgeborene haben ein höheres Risiko für Erkrankungen der Herzkranzgefäße: In einem Rehabilitationszentrum in Mailand waren fast die Hälfte der Patienten Erstgeborene, aber nur ein Drittel der umliegenden Bevölkerung bestand aus Erstgeborenen.
- Erstgeborene werden eher Wissenschaftler als mittlere oder jüngste Kinder.

- Erstgeborene sind eher im Vorstand großer Firmen – in einer Studie waren es 43 Prozent aller Vorstandsposten, nur 33 Prozent waren mittlere und 23 Prozent jüngste Kinder.
- Nesthäkchen nutzen eher Strategien wie Humor und Witz, um sich durchzusetzen, oder gern auch die pure Provokation.
- Nesthäkchen gehen mehr Risiken ein – als Geschäftsleute und im Sport.[5]

Doch auch Kluger muss konstatieren: Nichts davon lässt sich letztlich beweisen. Liegt es wirklich an der Geschwisterposition? Oder liegt es an der Art, wie die Gesellschaft mit Familien umgeht? Immerhin steigt bei Eltern mit dem zweiten Kind die Belastung deutlich, während die Ressourcen knapper werden, um zum Beispiel ein Kleinkind zu fördern oder ein Studium zu finanzieren.

Es ist für Forscher viel leichter, US-Präsidenten zu zählen und dann zu schauen, wie viele von ihnen Erstgeborene waren, als zu prüfen, ob diese Kinder alle ursprünglich zufriedene Eltern hatten, deren Ehe mit dem zweiten Kind deutlich schwieriger wurde, bei denen sich das Geld verknappte oder die umgezogen sind, nachdem das erste Kind geboren war. Vielleicht käme man auf die gleichen statistischen Ergebnisse, wenn man prüfte, wie viele US-Präsidenten gern als Kinder Karten gespielt hatten …

Die Professorin und leidenschaftliche Geschwisterforscherin Judy Dunn, zuletzt tätig am King's College in London, schreibt in ihrem Buch *Warum Geschwister so verschieden sind*, nach ihrer Forschung spiele die Rangposition tatsächlich nur eine »kleine Nebenrolle«.[6] Auch der Entwicklungspsychologe Hartmut Kasten fasst die Forschung so zusammen: »Es ist nicht die Geschwisterposition an sich – wie unterstellt wird –, die eine Wirkung ausübt, sondern es sind die mit der Geschwisterposition (mehr oder weniger regelmäßig) verbundenen sozialen, ökologischen, ökonomischen, zwischenmenschlichen und individuellen Verhältnisse, welche letztlich bestimmen, was für Persönlichkeitseigenschaften entwickelt werden.«[7] Viele Faktoren spielen eine Rolle bei der Entwicklung der Persönlichkeit des Kindes: Abstand, Anzahl, Geschlecht, Situation der Familie.

Und wir müssen bedenken: Die Geschwisterposition selbst ist ja auch in einer Zeit von hohen Scheidungsraten und Patchworkfamilien gar nicht für immer festgelegt. Ein Bruder kann durch eine neue Heirat innerhalb kürzester Zeit vom jüngsten Kind im alten Haushalt zum ältesten Jungen in der neuen Gemeinschaft werden, falls der neue Partner kleinere Geschwister mit in die Familie bringt. Wenn ein neuer Partner oder eine Partnerin mit älteren Kindern einzieht, kann eine große Schwester plötzlich zum Sandwichkind werden (so nennt man mittlere Kinder symbolisch, indem man sie mit dem »Aufschnitt zwischen zwei Brothälften« vergleicht). Ich habe mich daher entschieden, in diesem Buch nur wenig über »typische« Geschwisterpositionen und ihre Eigenschaften zu schreiben. Da wir bei Kindern mit Erwartungen sehr schnell Verhaltensweisen provozieren können – vor allem negative –, ist es besser, aufmerksam mit ihnen im Kontakt zu bleiben, offen zu sein und immer vom Besten auszugehen. Schauen Sie das Kind an, und fragen Sie sich, ob es bekommt, was es braucht. Überlegen Sie, welches Bedürfnis hinter seinem Verhalten steckt. So werden Sie viel präziser herausfinden, wie sich Ihre Kinder entwickeln, statt dass Sie sich von Stereotypen in die Irre leiten lassen.

Viel bedeutender als der Rang in der Geschwisterfolge ist nämlich nach Studienlage, wie wir mit unseren Kindern jeweils umgehen, wie nah sie beieinander sind und welche Erfahrungen sie machen. Für die Kinder macht es einen großen Unterschied, wann und unter welchen Umständen sie Geschwister bekommen, wie viel Unterstützung die Eltern erhalten und welche Erfahrungen sie als Kind bisher gemacht haben.

Die Unterschiede zwischen Geschwistern beruhen auch darauf, dass jedes Kind seine ökologische Nische in der Familie finden muss. Wenn schon jemand anderes »der Rebell« oder »der Brave« ist, dann ist diese Rolle bereits besetzt, und das nächste Kind sucht sich eine andere Ecke, in der es wachsen kann.

### *Entthronungsschock oder nicht?*

Was ist mit den berühmten Erstgeborenen? Je nach Familie ist der Effekt, wenn das erste Geschwisterchen kommt, sehr unterschiedlich. Eltern können hier vieles von vornherein richtig machen! Erstgeborene sind häufig verantwortungsbewusst und dominant, aber längst nicht alle. Auf eine einzige Sache können sich die Forscher einigen: Erstgeborene sind nach Studienlage ein bisschen schlauer als die folgenden Kinder, weil sie als Einzige die volle Aufmerksamkeit der Eltern in einer für die Gehirnentwicklung wichtigen Phase bekommen und weil sie als Vorbilder und Lehrer für ihre jüngeren Geschwister weitere Anregungen erhalten. Das heißt aber auch, dass es ab dem zweiten Kind schwieriger wird. Insofern ist es für das erste Kind natürlich eine Umstellung! Ob und wie sehr ein Erstgeborenes darunter leidet, plötzlich nicht mehr das einzige Kind zu sein, scheint, wie gesagt, eher davon abzuhängen, in welchem Alter das Geschwisterchen kommt, wie gut die Familie das erste Kind in dieser Zeit unterstützen kann und wie verfügbar seine sekundären Bezugspersonen neben der Mutter sind (siehe das Kapitel »Wie Eltern die verschiedenen Phasen der Geschwisterbeziehung nutzen können«).

Vorsicht ist geboten vor Ratschlägen, man solle Erstgeborene »gar nicht erst verwöhnen«, damit der Abschied nicht so schwerfalle. Das Gegenteil ist richtig: Kinder, deren Bedürfnisse erfüllt wurden, deren »Brunnen gefüllt« ist, können leichter loslassen und abgeben als Kinder, die zu wenig bekommen haben. Gleichzeitig haben Attachment-Parenting-(AP-)Kinder aber oft auch die sichere Bindung, die es ihnen erlaubt, für ihre Wünsche zu kämpfen. (AP ist eine Erziehungsmethode, bei der die Eltern-Kind-Bindung gefördert wird, indem die Eltern auf die Signale des Säuglings zeitnah und feinfühlig reagieren und möglichst viel Zeit in enger körperlicher Nähe mit ihm verbringen.)

Für alle Kinder gilt: Trotz, Aggression und Wut sind immer sekundäre Gefühle. Dahinter stecken Angst, Verzweiflung, Trauer. Es ist wichtig, dass Eltern lernen, diese Gefühle zu sehen und ihre großen Kinder gut zu begleiten.

### *Mythos Einzelkind*

Was ist eigentlich mit Einzelkindern? Sie gelten als dominant, verzogen, auch als depressiv oder perfektionistisch – je nach Studie, je nach Buch. Kinder mit Geschwistern beneiden sie und stellen sich vor, wie schön es wäre, alles zu bekommen und nichts teilen zu müssen. Einzelkinder stellen sich vor, wie schön es wäre, immer jemanden zum Spielen zu haben.

Fakt ist: »Wissenschaftlich lassen sich typische Charaktereigenschaften von Einzelkindern nicht belegen.«[8] Es kommt auch bei ihnen darauf an, wie sie aufwachsen, nicht, mit wem. Werden die Eltern hinreichend unterstützt und verstehen sich gut, oder sind sie getrennt und psychisch stark belastet? Gibt es noch andere Kinder, die von den Eltern mitversorgt werden? All diese Kriterien spielen eine große Rolle. Sicher ist: Einzelkinder sind sozial genauso kompetent wie Geschwisterkinder, solange sie von klein auf mit Freunden und Spielkameraden in Kontakt sind. Sie müssen dafür auch nicht früher oder länger in den Kindergarten, denn soziale Kompetenzen können Kinder unter drei Jahren nachweislich genauso gut auch mit Freunden und der Familie entwickeln. Kindergartenkinder – ob mit Geschwistern daheim oder als Einzelkinder – sind nicht klüger oder sozialer als solche, die zu Hause betreut werden, denn Sozialkompetenz, Spracherwerb oder Kognition lassen sich nicht fördern durch das möglichst frühe und forcierte Angebot von möglichst vielen gleichaltrigen Sozialpartnern.[9]

TIPP

**Gehen Sie vom Besten aus!**

Zerbrechen Sie sich nicht den Kopf, ob Ihr Nesthäkchen schnell genug lernt, die Schuhe zu binden, Ihr Sandwichkind eventuell problematische Verhaltensweisen entwickelt und Ihr Erstgeborenes nicht zu viel Verantwortung übernimmt. Ihre Kinder werden sich gut entwickeln!

## Der ideale Abstand zwischen Geschwistern

Wenn es für Kinder einen deutlichen Unterschied macht, wann sie ihre Geschwister bekommen, lohnt es sich genau hinzusehen: Was ist der richtige Abstand zwischen Geschwistern?

Studien zeigen, dass Kinder, die weniger als drei Jahre auseinander sind, sich häufiger streiten, sich mehr im Wettstreit befinden und aggressiver miteinander umgehen. Aber sie gehen oft auch später eine intimere, engere Beziehung miteinander ein, wenn es ihnen grundsätzlich miteinander gutgeht.[10]

Das Argument »Lieber möglichst kleiner Altersabstand, dann spielen sie besser miteinander« hat also durchaus seine Berechtigung. Allerdings riskieren wir, dass sich die Kinder, besonders wenn sie sehr klein sind, viel und aggressiv streiten. Das leuchtet ein – wenn wir zwei sehr bedürftige Wesen in der Familie haben, die beide eigentlich viel von ihrer primären Bezugsperson brauchen, sind Streit und Frust vorprogrammiert.

### *Gibt es den »natürlichen« Altersabstand?*

Wir sind eine kooperativ aufziehende Art, die seit jeher in Gruppen lebt – warum gibt es das Problem mit den Geschwistern eigentlich? Sollten wir nicht glücklich und zufrieden sein, je mehr von unserer Familie unterwegs sind? Warum kämpfen Geschwister überhaupt miteinander?

Schaut man mal nüchtern und unter biologischen Gesichtspunkten auf das Thema, kämpfen Geschwister seit Jahrtausenden vor allem um Ressourcen – je näher sie altersmäßig aneinander sind, desto mehr Zoff gibt es. Heute geht es dabei weniger um Nahrung als vielmehr um Aufmerksamkeit und Zeit. Wie bereits erwähnt wurde, zeigen Studien, dass Erstgeborene einen leicht höheren IQ haben als ihre nachfolgenden Geschwister – und das in der heutigen Zeit, in der es an Ressourcen eigentlich nicht mangeln sollte. Forscher schätzen, dass der kleine, aber feine Unterschied dennoch daran liegt, dass das erste Kind nun mal die ganze Aufmerksamkeit der Eltern bekommt. Dass es um diese Ressourcen kämpft, kann man ihm kaum verdenken. Wie heftig dieser Kampf ausgefochten wird, hängt stark davon ab, wann Kinder ihr nächstes Geschwisterkind bekommen.

Bei Naturvölkern wie den im nordwestlichen Botswana lebenden !Kung San beträgt der Abstand zwischen zwei Kindern in der Regel drei bis vier Jahre. Das liegt daran, dass die Mütter sehr viel und lange stillen und durch die Stillhormone und die karge Ernährung der Eisprung über Monate und Jahre unterdrückt wird. Erst wenn der Körper eine bestimmte Menge an Körperfett angesammelt hat, gibt er die Reproduktion erneut frei. Das ist aus Sicht der Evolution sehr sinnvoll. Denn erst wenn ihr Kind entwöhnt ist und die Mutter ihre Ressourcen wieder auffüllen konnte, kann sie eine zweite Stillzeit durchhalten.

Evolutionär gesehen, ist die Geburt eines Geschwisterchens für Kinder also vor allem bei Nahrungsknappheit eher ein bedrohliches als freudiges Ereignis gewesen. Jahrtausendelang war eine weitere Schwangerschaft gleichzeitig die Zeit der Entwöhnung für das jüngste Kind. Jetzt brauchte das neue Baby die Muttermilch. Das größere Kind musste auf ausschließlich feste Nahrung umgestellt werden. Diese war lange nicht so attraktiv wie die Muttermilch, vor allem war sie nicht so bedingungslos verfügbar. Damit wurde das Kleinkind in Krisensituationen von seiner lebenswichtigen Zusatznahrung abgeschnitten und ebenso von der immunologischen Unterstützung durch die Mutter – und damit anfälliger für Untergewicht und Krankheiten.

Ob ein Baby überhaupt aufgezogen werden konnte, entschied in den meisten Gesellschaften letztendlich die Mutter. »Wie bei jedem anderen Säugetier hängt das emotionale Engagement einer Menschenmutter für ihren Säugling in starkem Maße von den ökologisch und historisch bestimmten Verhältnissen ab«, schreibt Sarah Blaffer Hrdy in ihrem Buch *Mutter Natur*.[11] Da es seit jeher viel Zeit und Energie kostet, ein Menschenbaby aufzuziehen, haben Mütter keinen angeborenen Mutterinstinkt. »Wir können uns erst seit sehr kurzer Zeit leisten, jedes Baby zu lieben, das wir zu Welt bringen«, so Hrdy.

Menschenmütter haben immer abgewägt, ob sie sich das neue Baby »leisten« können, ob es überlebensfähig ist und ob seine Bedürfnisse die Versorgung der bereits vorhandenen Kinder möglicherweise gefährden. Damit war ein essenzieller Konflikt programmiert: Das neue Baby versucht alles, um aufgezogen zu werden, es wirft mit Bindungsangeboten und Kindchenschema nur so um sich. Das bindet auch die vorhandenen Kinder an den Säugling, doch diese bangen gleichzeitig um ihre eigene Versorgung.

Für Kinder, die jünger waren als drei Jahre, konnte die Geburt eines Geschwisterchens daher jahrtausendelang ein lebensbedrohliches Ereignis sein. In dem Buch *Nisa erzählt* berichtet die !Kung-Frau Nisa, dass ihre Mutter den kleinsten Bruder nach der Geburt nicht aufziehen wollte. Die Begründung der Mutter: »Nisa ist noch sehr klein. Ich bin sehr traurig darüber, dass sie keine Milch mehr trinken kann. Ihr Körper ist schwach. Ich möchte, dass sie stark und kräftig wird.«[12] Bei Nisa hat sich die Ahnung der Mutter zumindest zum Teil bewahrheitet: Sie überlebte, aber berichtet, dass sie immer Essen stahl und schmächtig und klein blieb. Jäger-und-Sammler-Kinder bei den !Kung waren etwa drei Jahre alt, wenn das erste Geschwisterchen kam. Anthropologen berichten, dass der ganze Stamm versuchte, dem Kind die Umstellung zu erleichtern. Sie kümmerten sich und schmusten vermehrt mit dem Kind, um den Abschied von Mamas Schoß abzumildern. Da das Kind mit der Brust auch von der Schlinge, also vom Tragen, entwöhnt wurde, sprangen andere Mitglieder ein, um es auf langen Strecken zu tragen, bis es etwa sechs oder sieben Jahre alt war.

### *»Ich will auch Geschwister haben!« – Wie Eltern den richtigen Moment erwischen*

Drei Jahre – das ist der Abstand, ab dem es laut Studienlage auch heute noch mit den Geschwistern deutlich leichter wird. Sind die Kinder mehr als drei Jahre auseinander, haben wir viel weniger Streitigkeiten. Ein achtzehn Monate altes Kind ist selbst noch ein Baby, auch ein zweijähriges Kind hängt noch sehr von der Bindung zur Mutter ab. Erst ab dem dritten Geburtstag lösen sich die Kinder – Mädchen oft früher, Jungen gern auch später. Wenn das Kind seine primäre Bezugsperson jetzt plötzlich mit einem Neuankömmling teilen muss, macht es offenbar einen großen Unterschied, ob seine Bedürfnisse nach Sicherheit, Bindung und ungeteilter Aufmerksamkeit schon grundlegend erfüllt werden konnten.

Oft höre ich das Argument, die ganz Kleinen würden sich ja überhaupt nicht erinnern, dass es eine Zeit vor dem Geschwisterchen gab. Aber stimmt das?

Ja und nein. Richtig ist: Wenn Sarah mit achtzehn Monaten bereits einen Bruder bekommt, dann hat sie noch kein bewusstes Gedächtnis. Aber Forscher sagen, dass gerade die unbewussten Erinnerungen es sind, die unsere Persönlichkeit prägen – die, die wir vor der sprachlichen Entwicklung abspeichern. Sarah hat also unbewusst, aber tief im Körper abgespeichert, wie es war, Mamas Schoß und Papas Arm ganz für sich zu haben, und wie es sich anfühlt, das zu verlieren. Wenn ihr Bruder kommt, mag es sein, dass sie das nicht formulieren kann, auch später nicht, dass aber das unbewusste Gefühl eines ungestillten Bedürfnisses bleibt. Es arbeitet im Unterbewusstsein und bleibt dort.

### Der richtige Altersabstand

Die Frage ist eigentlich gar nicht: »Wie viele Jahre sind der ideale Abstand?«, »Wird das erste Kind sich überhaupt erinnern?« oder »Ab wann können die Kinder miteinander spielen?«. Wenn Sie sich Gedanken über den richtigen Altersabstand machen, fragen Sie sich besser: »Wie lange kann mein erstes Kind schon warten, um seine Bedürfnisse erfüllt zu bekommen – und kann ich in dieser Zeitspanne einem zweiten, extrem bedürftigen kleinen Menschenkind wiederum seine Bedürfnisse erfüllen? Und habe ich dann noch Platz für meine eigenen Bedürfnisse?«[13]

Wenn ich einen großen »Clan« und starke, sekundäre Bindungspersonen habe (also Menschen, bei denen das Kind sich sicher fühlt, bei denen es Nähe und Trost sucht, wenn die Eltern nicht da sind und man davon ausgehen kann, dass seine Bedürfnisse auch erfüllt werden), kann es viel früher möglich sein, mehrere kleine Kinder gut zu versorgen, als wenn ich zehn Stunden am Tag mit den Kindern allein bin. Habe ich ein sehr bedürftiges (»High-Need«-)Baby, dann sieht die Situation völlig anders aus, als wenn das Erstgeborene ohnehin sehr einfach und flexibel ist und schon früh Belohnungen und Bedürfnisse gut aufschieben kann.

Die amerikanische Psychologin Dr. Laura Markham schreibt darüber, wie wichtig es ist, ob ein Kind schon seine eigenen Bedürfnisse für einen noch bedürftigeren Säugling aufschieben und warten kann. Und sie gibt zu bedenken: »Es geht darum, welche unbewussten Schlüsse es zieht über seinen eigenen Wert und die Vertrauenswürdigkeit von anderen, während es wartet.«[14] Kleine Kinder sind darauf angewiesen, dass wir ihre Bedürfnisse nach Nähe, Zuwendung, Essen, Wärme und Trost zeitnah erfüllen. Es ist wissenschaftlich längst erwiesen, dass Kinder stabiler, gesünder und fröhlicher werden, wenn wir in der sensiblen Kleinkindzeit ganz für sie da sein können. Falls ein selbst noch kleines Kind immer warten – und dann gegebenenfalls auch weinen – muss, bevor es auf Mamas Schoß oder an Papas Teller darf, dann prägt das seine Persönlichkeit. Und auch seinen Selbstwert: Bin ich es wert, dass man auf mich achtet, bin ich wichtig? Oder muss ich mich unterordnen, bin ich unwichtig? Werde ich gesehen in meinem Kleinsein oder schon früh damit überfordert, größer zu sein, als ich sein kann? Werde ich in die Rolle des »großen, vernünftigen Kindes« gedrängt, obwohl ich noch gar nicht so weit bin?

Laura Markham sieht auch, dass es natürlich sinnvoll ist, wenn Kinder warten lernen. Aber dieser Lernprozess muss an ihr Temperament und ihr Alter angepasst sein. Wie schnell gerät ein Kind außer sich, wenn es warten muss? Wie sicher kann das Kind sein, dass es bekommt, was es braucht? Je älter Kleinkinder sind, wenn ihr Geschwisterchen geboren wird, desto leichter kommen sie damit zurecht. Wann sie dafür alt genug sind – das sagt uns unser aufmerksamer Blick auf unser Kind.

### »Lass mich klein sein!«

Wir müssen damit rechnen, dass das »große« Kind bei der Geburt eines Geschwisterchens in wirklich existenzielle Not gerät und sich auch so verhält – weil es eben eigentlich noch »klein« ist. Es wird vielleicht wieder oder weiter stillen wollen. Es wird eventuell wieder einnässen und auf Schoß und Arm wollen. Bei enger Geschwisterfolge (weniger als drei Jahre Abstand) ist es gut, eine Situation zu schaffen, in der das größere Kind so viele seiner Bedürfnisse wie möglich noch erfüllt bekommt. Es muss nicht allein die Mutter sein, die dafür sorgt, jedes »Clanmitglied« kann hier einspringen, wenn es eine ausreichende Bindung zum Kind hat.

Die Regressionstendenzen der Kinder sind normal, sie brauchen uns. Das Kind nässt wieder ein? »Macht nichts, es ist für uns alle eine neue Situation!« Das Kind will wieder Nuckelflasche oder Schnuller? »Aber sicher doch!« Das Kind will nach der Geburt erst mal nicht in die Kita gehen? »Na klar, bleib gern bei uns zu Hause!«

## Ein Blick über den Tellerrand: Geschwister in anderen Kulturen

Es gibt Kulturen, in denen das Wort »Bruder« und »Schwester« gar nicht vorkommt; in vielen Gesellschaften gehören Cousins und Cousinen in die Kategorie Geschwister, und 10 Prozent der Völker unterscheiden gar nicht, ob ein Geschwister männlich oder weiblich ist.[15] Die Autorin Catherina Rust[16] erzählte mir in einem Interview, dass jedes Kind bei den Aparai-Wajana-Indianern im Amazonas, wo sie aufgewachsen ist, ein Patenkind bekam, für das es verantwortlich war – auch ohne Verwandtschaftsbindung.

Was »Geschwister« überhaupt sind, hängt also stark davon ab, was eine Gesellschaft daraus macht. Und wie sie miteinander umgehen, ist von Kultur zu Kultur völlig unterschiedlich.

Inwieweit Geschwister zum Beispiel füreinander Verantwortung übernehmen, hat Bettina Lamm von der Universität Osnabrück untersucht. Sie beobachtete für ihre Dissertation Kinder aus deutschen Mittelstandsfamilien und Kinder der ländlich lebenden Nso in Kamerun im Umgang mit Babys und fragte sich, welche Ideen von Babypflege sie wohl hätten. Die Ergebnisse zeigten, dass die Kinder sehr unterschiedlich auf Babys – und kleine Geschwister – reagierten, weil die Welten, aus denen sie kamen, sehr unterschiedliche Vorstellungen hatten. Bei den Nso ist klar, dass mehrere Pfleger sich um ein Baby kümmern, oft auch gleichzeitig. Wenn ein Baby weint oder quengelt, reagieren die Nso sehr schnell, vor allem mit Körperkontakt. Die deutschen Kinder hingegen gingen davon aus, dass es vor allem die Aufgabe der Mutter ist, sich um ein Baby zu kümmern – dies deckt sich mit Untersuchungen, die zeigen, dass drei Monate alte deutsche Säuglinge im Schnitt 92 Prozent des Tages ausschließlich bei der Mama sind.[17] Körperkontakt spielt eine deutlich geringere Rolle, stattdessen werden den Babys eher Spielsachen gereicht, oder es wird mit Blickkontakt mit ihnen gesprochen. Lamm schreibt: »Ihre Vorstellungen waren konsistent mit ihren eigenen Erfahrungen als Kinder … die Nso-Kinder gehen davon aus, dass Kinder, besonders sie selbst, die besten Pflegepersonen für Babys sind.« Sie fühlen sich selbst verantwortlich dafür, dass es dem Baby gutgeht, während die deutschen Kinder diese Verantwortung eher bei den Eltern sehen – zwei ganz unterschiedliche Grundlagen für eine Geschwisterbeziehung.[18]

Der kalifornische Professor für Anthropologie Thomas S. Weisner beschreibt eine Szene unter Geschwistern beim Volk der Abaluyia in Kenia. Die fünf Kinder sind mit einem Feuer allein zu Hause. Sie kümmern sich umeinander und sie ärgern sich gegenseitig: »Ein zweieinhalb Jahre alter Junge, seine zwei älteren Schwestern und sein Bruder im Babyalter sowie ein Nachbarmädchen hocken um ein kleines Kohlenfeuer in ihrem Haus. Die sechsjährige Schwester bedeckt den Jungen mit einem Handtuch, weil es ihm kalt scheint. Die ältere Schwester, neun Jahre alt, unterhält den Kleinen, indem sie mit ihm spricht und ihm Dinge in die Hand gibt, während sie gleichzeitig mit ihrer sechsjährigen Schwester spielt. Der Junge lacht mit seinen älteren Schwestern, aber dann beginnen sie, unter sich zu spielen, und ignorieren ihn. Dann nimmt die Neunjährige einen glühenden Stock vom Feuer und tut so, als wolle sie den Jungen damit ankokeln, und er fängt an zu weinen. Die Sechsjährige beruhigt ihn, indem sie ihn auf den Schoß nimmt, und gibt ihm Essen.«[19]

Die kleine Episode zeigt, wie man bei den Abaluyia miteinander umgeht: Einerseits ist ein enges Netzwerk von Hilfe und Nahrung um jedes Mitglied des Haushalts gewunden, andererseits gehören Sticheleien bis hin zu kleinen Bedrohungen auch dazu, um die Hierarchie in der Familie zu verdeutlichen. Bei den Abaluyia ist es Teil der Kultur, dass ein weinendes Kind entweder etwas zu essen oder eine Aufgabe im Haushalt bekommt. Selten werden Kinder gefragt, was sie fühlen, warum sie weinen oder was sie brauchen.

Weisner schreibt in seiner Studie weiter: »Hilfe ist eher indirekt und verzögert als direkt und auf das einzelne Kind fokussiert.« Wenn Kinder etwas brauchen, suchen sie vorzugsweise nach anderen Altersgenossen und Geschwistern anstatt nach Erwachsenen. Bekommen sie dann Hilfe, sagen sie nicht »Danke« oder »Entschuldigung«, sondern geben die Hilfe an ein anderes Kind weiter – »es gibt einen Rhythmus, in dem sie abwechselnd Hilfe erhalten und Hilfe geben in einem großen Kindernetzwerk«.[20] Während westliche Eltern eher auf körperliche Entwicklungsschritte und Sprachentwicklung achten, sehen Mütter bei den Abaluyia es als Entwicklungsmarker, wenn die Kinder in der Lage sind, anderen zu helfen und Hilfe zu holen. Dies wirkt sich auch auf die Geschwisterbeziehungen aus – sowohl die Tendenz, Hierarchie durch leichte Bedrohungen zu markieren, als auch der Fokus darauf, einander Hilfe und Unterstützung zu gewähren.

Geschwister bringen einander soziale Regeln bei – aber auch ganz alltägliche Dinge. In einer Studie räumt die amerikanische Psychologin Ashley E. Maynard mit dem Mythos auf, dass Kindern in anderen Kulturen nichts beigebracht würde, sondern sie alles durch Mitmachen und Abschauen lernten. Sie zeigt, dass in den von ihr untersuchten Familien der Maya in Nabenchauk (Zinacantán/Mexiko) durchaus Lehren stattfindet – und zwar unter Geschwistern. In kleinen Szenen beschreibt sie, wie eine ältere Schwester ihrem kleinen Bruder mit wenigen Kommandos erklärt, wie man eine Puppe richtig wäscht. Die Eltern bringen den Kindern zwar nicht systematisch bei, wie man wäscht oder kocht, aber die Geschwister tun es eindeutig.[21]

Diese drei Beispiele zeigen: Welche Erfahrungen Geschwister miteinander machen und wie sie miteinander umgehen, hängt also stark ab von der Kultur, in der sie leben, und von dem, was sie selbst erfahren haben, was die Eltern von ihnen erwarten und welche Werte den Kindern vermittelt werden. Sie können fürsorglich und hilfsbereit sein, rivalisierend und aggressiv oder abweisend zueinander – je nachdem, ob sie in einer Gesellschaft aufwachsen, in der von Geschwistern Solidarität gefordert wird, die hierarchisch oder egalitär aufgebaut ist, und ob sie einander versorgen müssen oder in einer Leistungsgesellschaft aufwachsen, in der Eltern von ihren Kindern eher individuelle Erfolge verlangen.

In der Forschung zeigt sich, dass Geschwister besonders in Kulturen mit großen Familien und traditionellen Stammesgesellschaften klare Aufgaben haben: Sie versorgen einander, lehren sich gegenseitig, passen aufeinander auf.[22] In Industrieländern sind die Familien deutlich kleiner, und die älteren Geschwister haben in den meisten Gesellschaftsschichten sowohl im Haushalt als auch bezogen auf jüngere Geschwister deutlich weniger Pflichten. Interessant wird es, wenn Familien aus traditionell organisierten Ländern in Industrieländer einwandern: Die noch im Ursprungsland geborenen Geschwister bringen ihren jüngeren Geschwistern eher Werte wie Kooperation, Hilfsbereitschaft, Respekt vor Älteren, Einordnung in die Gemeinschaft bei, erst später etablieren sich Ideen von Leistung, Wettbewerb und Individualismus.

TIPP **Welche Werte geben wir Kindern mit?**
In einer Zeit der vermeintlich unbegrenzten Möglichkeiten können wir uns bewusst entscheiden, welche Werte wir unseren Kindern mitgeben und welche nicht. Ob und wie Kinder sich um ihre Geschwister kümmern, hängt zum Beispiel stark davon ab, ob wir Fürsorge oder Wettbewerb von den Kindern erwarten und wer für Kleinkinder zuständig ist (alle oder nur Mama). Liegt der Fokus auf der Gruppe oder den Interessen des Einzelnen? Geht es darum, einander zu verstehen, oder darum zu gewinnen? Jede Familie kann sich bewusst entscheiden, welche Werte sie vermittelt – und unsere Kinder werden das spiegeln.

## Geschwister gestern und heute

Haben sich Geschwister in früheren Zeiten besser vertragen als heute? Ja und nein. Erste Frage: Was ist »früher«? Vor 100 Jahren? Vor 300 Jahren? Vor 1000 Jahren? Vor 10 000 Jahren (also bevor wir sesshaft wurden) oder vor 120 000 Jahren (bevor der Homo sapiens sapiens entstand)? Eine pauschale Antwort ist also gar nicht möglich. Meistens sprechen wir jedoch von den letzten Jahrzehnten oder gar ein bis zwei Jahrhunderten.

Hartmut Kasten fasst in seinem Buch über Geschwister sehr treffend zusammen, was sich in dieser Zeit verändert hat: »Unaufhaltsam scheint der Trend zu immer weniger Geschwistern einerseits und zu immer mehr Arten von Geschwistern wie Adoptiv-, Halb- oder Stiefgeschwistern anderseits zu sein.«[23] Wir sehen immer mehr Erwachsene mit immer weniger Kindern – ein Trend, der in vielen Bereichen der Gesellschaft Auswirkungen hat. Außerdem hat sich das Erziehungsideal von Gehorsam und Konformität hin zu Augenhöhe und Individualität verschoben, was Beziehungen in der Familie gesünder, aber nicht unbedingt einfacher macht. Und das Leben ist komplexer geworden: Menschen tun sich zusammen, trennen sich und finden wieder neue Partner, Eltern ziehen arbeitsbedingt in andere Städte oder Länder, es werden Kindergärten und Schulen gewechselt. Die Kinder sind nachmittags deutlich mehr in Kursen und Aktivitäten oder Hausaufgaben eingebunden als früher und haben gleichzeitig weniger Freiraum.[24]

Wenn Geschwister in besonderen Situationen sind, sehr autoritäre Eltern haben oder in Armut, Kriegswirren oder Institutionen aufwachsen, verhalten sie sich völlig anders als in einer intakten Familiensituation. Insofern greift der Gedanke »Früher war alles besser« zu kurz, ebenso wie der Glaube, in traditionellen Gesellschaften oder »auf dem Land« sei »alles gut«.

## »Bildet einen ›Clan‹!«

Besonders wenn wir mehr als ein Kind haben (wollen), sollten wir darauf achten, dass wir mehrere Bezugspersonen für die Kinder haben. In Deutschland haben wir die Tendenz, die Fürsorge für ein Baby oder Kleinkind vor allem in den Händen einer Bezugsperson – meist der Mutter – zu sehen. Dies ist weder natürlich noch gottgegeben. Und es wird immer dann problematisch, wenn ein zweites Geschwisterkind kommt, weil das erste Kind keine alternative vertraute Bindungsperson hat, auf die es zurückgreifen kann.

Sobald die Frage nach einem weiteren Kind aufkommt, sollten wir uns über folgende Punkte Gedanken machen:

- **Unterstützung:** Haben wir genug Unterstützung durch die Familie, einen »Clan« oder Freunde, um gut durch die erste Zeit zu kommen? Und da ist unter Umständen nicht nur das Wochenbett mit dem Neugeborenen, sondern kann sich auf die ersten zwei Jahre ausdehnen, bis das jüngste Kind ausreichend in der Lage ist, seine Bedürfnisse aufzuschieben.
- **Bindungspersonen:** Die größte Familie hilft uns nichts, wenn es keine Bindungen gibt, die den Kindern ermöglichen, sich auf sie zu stützen. Hat das erste Kind beziehungsweise haben die vorhandenen Kinder eine ausreichende Bindung an Papa, Opa, Oma, Babysitter oder jemand anderen, der sie auffangen kann, falls Mama mit dem Säugling ins Krankenhaus muss, das neue Baby sehr bedürftig ist oder einfach ganz stark seine Mama braucht?
- **Prioritäten:** Es ist eine schöne Idee, sich ein Unterstützungsnetzwerk aufzubauen, bevor das Kind kommt – aber nicht alle Kinder kommen geplant. Dann heißt es, Prioritäten zu setzen. Was muss wirklich sein? Was können wir noch aufschieben, bis die Kinder größer sind? Kann der Umzug warten? Wenn nicht, wie können wir uns helfen lassen?
- **»Entstressen«:** Wir wissen, dass Eltern unter Über- und Dauerbelastung negatives Erziehungsverhalten zeigen. Unter Stress verlangen sie deutlich mehr von ihren Kindern, als diese in ihrem jeweiligen Alter leisten können (Stichworte: durchschlafen, sich allein anziehen, still sein, warten, »vernünftig« sein).

- **Zeit:** Zeit ist ein knappes Gut, und auch viele Eltern meinen, sie hätten nicht genug davon. Aber wir benötigen Zeit für unsere sozialen Beziehungen. Unsere Kinder brauchen uns. Jetzt. Und sie brauchen uns mit unserer ganzen Aufmerksamkeit. Wenn jedes Kind pro Woche nur eine kleine Weile mit uns allein verbringen kann, entspannt sich die Familiensituation oft schon erheblich. Wann immer wir für die Kinder Zeit erübrigen können, sollten wir das tun.

## Jedes Kind ist anders

Jedes Kind braucht etwas anderes, wenn es um Geschwister geht; denn das Temperament unserer Kinder beeinflusst die Geschwisterbeziehung von Anfang an.

Kinder mit einem schwierigeren Temperament haben oft mehr Probleme damit, gute Geschwisterbeziehungen aufzubauen, als Kinder mit einfachen Temperamenten. »Schwierig« heißt im wissenschaftlichen Zusammenhang, dass die Kinder sehr viel Zuwendung brauchen, stark auf Stimuli reagieren, sich schnell aufregen, weinen und wütend sind, aber auch schnell lachen und ihre Stimmung wechseln. Oft haben diese Kinder auch Probleme mit Übergängen (Anziehen, Ausziehen, Losgehen, von einer Betreuungsperson zur anderen wechseln et cetera) und reagieren stark auf Veränderungen in ihrer Umwelt.

Wenn Eltern berichten, dass ihr erstes Kind körperlich sehr aktiv ist und emotional intensiv reagiert, dann ist so ein Kind in Studien eher aggressiv zu jüngeren Geschwistern.[25] Das Gegenteil scheint auch vorzukommen: Ist das erste Kind eher ruhig, dann hilft es einem temperamentvollen zweiten Geschwisterchen, sich zu regulieren, und es gibt weniger Streit.[26]

Insofern gilt: Wie Ihr Kind auf Geschwister reagiert und sich entwickeln wird, hängt stark von seinem Temperament ab. Und wie wir Eltern am besten damit umgehen, wenn es schwierig wird, dazu gibt es eindeutige Hinweise (siehe ab Seite 103, *Wie Geschwister lernen, Konflikte zu lösen*).

## Das sagt die Wissenschaft

**Wie viele Geschwister haben Sie?** In Deutschland hatte im Jahre 2014 fast jeder Fünfte (22 Prozent) gar keine Geschwister, dann kommt die große Masse derer, die in Zwei-Kind-Familien aufwachsen (37 Prozent), gefolgt von immer noch jedem Fünften, der zwei Geschwister hat. Drei oder mehr Geschwister haben noch 19 Prozent der Befragten.

**Erstgeborene sind klüger.** Der einzige Fakt, der in einer Studie um die Forscherin Julia M. Rohrer von der Uni Mainz über 20 000 Erwachsenen in Deutschland, den USA und Großbritannien festgestellt werden konnte: Erstgeborene haben einen leicht höheren IQ als ihre Geschwister. Allerdings galt dies in sechs von zehn Fällen. Das heißt auch: In vier von zehn Fällen war ein anderes Kind intelligenter.[27] Keinerlei Unterschiede konnten die Forscher feststellen bei anderen wichtigen Persönlichkeitsmerkmalen wie nach außen gewandte Haltung, emotionale Stabilität, Verträglichkeit, Gewissenhaftigkeit und Offenheit für neue Erfahrungen.

**Sicher bleibt sicher.** Wir wissen, dass Geschwister sich in der frühen Kindheit enger aneinander binden und anhänglicher sind, wenn sie schon eine sichere Bindung zu ihrer Hauptbezugsperson haben. Sicher gebundene Kinder entwickeln aufgrund von elterlicher Feinfühligkeit ein großes Vertrauen dahingehend, dass die Eltern da sein werden, wenn das Kind sie braucht. Eine sichere Bindung entwickelt sich, wenn Eltern die Signale ihrer Säuglinge und Kleinkinder feinfühlig wahrnehmen, sie richtig interpretieren und angemessen und prompt reagieren.[28] Jüngere Geschwister, die an die Mutter sicher gebunden sind, protestieren weniger, wenn diese mit einem älteren Kind spielt. War die Mutter nicht da, reagierten die sicher gebundenen großen Kinder liebevoller auf ihre jüngeren Geschwister und trösteten sie eher als unsicher gebundene Kinder. Schwierig wird es immer in einem Leben mit zu wenig Liebe: Wenn die Kinder – großes und kleines Kind – nicht sicher gebunden sind, entwickeln sie am ehesten feindliche Beziehungen. Es sei denn, sie sind in einer wirklich schlimmen Situation von Verwahrlosung, dann halten sie sich aneinander fest.

**Lachen verbindet Menschen und löst Ängste.** An manchen Tagen hat man einfach nichts zu lachen. Und dann streiten die Geschwister oft besonders viel, obwohl wir es gerade wirklich nicht brauchen können! Besonders an solchen Tagen kann Lachen Wunder wirken. Lachen löst Ängste, vor allem vor kritischen Ereignissen wie Prüfungen, Umzügen oder gar Operationen.[29] Wenn uns nicht zum Lachen zumute ist – macht nichts. Lachen und Humor kann man sich angewöhnen. Es braucht nur ein paar neue Gewohnheiten – oder einfach ein wirklich gutes Witzebuch am Abendbrottisch und die Bereitschaft, sich auch über total unsinnigen Kram von Herzen auszuschütten. (»Was ist weiß und kriecht den Berg hoch? Eine Lawine mit Heimweh …«)[30]

**Kleine Helfer.** Kleinkinder ab achtzehn Monaten zeigen großes Interesse daran, gemeinsam mit einem Erwachsenen Probleme zu lösen, und ermuntern ihn zur Weiterarbeit, wenn er die Lust verliert. Allerdings teilen Kinder im Alter von zwei Jahren Belohnungen noch genauso wenig, wie Schimpansen dies tun – sie haben offenbar noch kein Gefühl für eine »moralisch gerechte« Aufteilung. Sobald die Autonomiephase in vollem Gange ist, ändert sich das interessanterweise: Wenn dreijährige Kinder mit einem Partner gemeinsam ein Problem lösen, dann zeigen sie sich daran interessiert, dass die Belohnung gerecht geteilt wird, und helfen dem anderen auch dann noch, sich seinen Anteil zu verdienen, wenn sie den ihrigen bereits haben. Bei Schimpansen ändert sich dieses Verhalten übrigens nicht, sie teilen auch eine gemeinsam erlangte Beute nur selten.[31]

**Was junge Erwachsene sagen.** In einer Studie mit über 300 Studierenden in den Zwanzigern stellte der Forscher Avidan Milevsky von der Universität Pennsylvania fest, dass auch junge Erwachsene sich eindeutig positiv zu ihren Geschwistern äußern. Je älter die Befragten waren, desto günstiger fiel die Beurteilung aus, besonders wenn sie selbst ein älteres Geschwister hatten (also als Kind der oder die Kleine waren). Schwestern scheinen die Sache ohnehin positiver zu sehen; und wenn die Geschwister mehr als zwei Jahre auseinander waren, berichteten sie als Studierende von guten Erinnerungen und Geschwisterbeziehungen. Interessanterweise gaben Studierende, die einer Religion angehörten, häufiger an, das sie und ihre Geschwister einander jetzt noch unterstützen – ohne dass sicher erklärt werden konnte, warum das so ist.[32]

## Falsche Erwartungen

### Das Nächste läuft so nebenbei

Ein häufiger Irrtum, wenn Familien sich vergrößern: Das zweite, dritte oder vierte Kind laufe so »nebenbei«. Das kann so sein, muss aber nicht. Es hängt von vielen Faktoren ab: Wie war die Schwangerschaft, wie war die Situation in der Familie, als das Kind geboren wurde? Mit welchem Temperament kommt das Kind auf die Welt, zu wem hat es eine enge Bindung? Wenn Mütter als zweites Kind ein »einfaches« Baby bekommen, dann heißt es oft: »Ah, jetzt weißt du, wie es funktioniert, dann geht das mit dem zweiten viel einfacher.« Wenn es ein schwieriges Baby ist, heißt es: »Ja, die zweiten müssen sich immer durchsetzen.« Wir können also nicht damit planen, dass das nächste Kind »einfach mitläuft«.

### Zu zweit spielen sie dann miteinander

Ja, Geschwister spielen miteinander, aber auch das hängt von vielen Faktoren ab. Erstens müssten die Kinder alt genug werden, um ins Spielalter zu kommen (im zweiten Lebensjahr des jüngsten Geschwisterchens geht das los). Zweitens müssen die Temperamente zusammenpassen. Und drittens kommt es auch auf den Altersabstand an, der zu eng oder zu weit sei kann. Nicht zuletzt hängt das harmonische Spiel der Kinder stark davon ab, wie Eltern mit Streitigkeiten zwischen den Kindern umgehen.

### Unser Kind ist ganz easy

Immer wenn Kinder besonders unkompliziert sind, sollten wir aufhorchen. Es kann sein, dass nichts ist. Es gibt aber auch Kinder, die zum Beispiel auf ein sehr aufbrausendes Geschwisterkind damit reagieren, dass sie jetzt »nicht auch noch Ärger« machen möchten und sich dann zurückziehen. Daher sollten wir jede plötzliche Verhaltensänderung sowie jedes extrem anstrengende oder auffällig einfache Verhalten unserer Kinder im Blick behalten.

# Wie Eltern die verschiedenen Phasen der Geschwisterbeziehung nutzen können

## Der zweite Baustein

*»Auf positiven Gefühlen zwischen den Geschwistern zu bestehen, erzeugt negative Gefühle. Schlechte Gefühle zwischen den Kindern zuzulassen erzeugt positive Gefühle.«*[33]

ADELE FABER UND ELAINE MAZLISH

## Wie wir gute Grundlagen legen

»Alles nur eine Phase« – bei Geschwistern stimmt das wirklich! Drei Forscher des Max-Planck-Instituts für Bildungsforschung haben ein interessantes Modell vorgelegt, in welchen Phasen sich die Geschwisterbeziehung entwickelt. Sie reichen von der Geburt des neuen Kindes bis zu seinem zweiten Geburtstag. Wenn wir Eltern diese Phasen verstehen, können wir viel besser einordnen, was gerade bei uns daheim passiert:

- In der ersten Phase, wenn das Baby geboren wird, und etwa bis zum achten Monat ist es wichtig, dass das große Kind alle Aufmerksamkeit bekommt, die es braucht. Die Eltern haben das Baby meistens bei sich und zeigen dem großen Kind, wie es mit ihm umgehen kann und soll. Gleichzeitig soll es nicht das Gefühl haben, jetzt »die zweite Geige« zu spielen, sondern es braucht die Versicherung, dass es weiterhin seinen Platz hat.

- In der zweiten Phase, wenn das neue Kind zwischen dem achten und sechzehnten Monat krabbeln und laufen lernt, wird die Beziehung deutlich schwieriger. Jetzt gibt es Momente von Spiel und Beziehung, aber auch Konflikte und Rivalitäten, die die Eltern gut begleiten müssen. Es ist wichtig, hier einerseits Regeln aufzustellen, andererseits keine Position zu beziehen, die die Familie ins »Drama-Dreieck« katapultieren könnte (siehe Seite 140).
- In der dritten Phase, vom sechzehnten bis zum 24. Monat, entwickeln die Geschwister eine von den Eltern unabhängigere Beziehung miteinander, die Kinder sehen sich als Spielkameraden, und es entsteht eine Kindergruppe in der Familie. Das jüngere Kind »himmelt« sein großes Geschwister nun an, hängt an ihm und gibt sich selbstbewusster und mutiger, wenn der/die Ältere dabei ist. Jetzt nehmen die Konflikte im Idealfall allmählich ab, wenn die Eltern sie nicht befeuern.[34]

In der darauf folgenden Zeit vom 24. Monat bis zum vierten Lebensjahr werden weiter Konflikte geübt, und es entwickelt sich im Idealfall eine Freundschaft, die weitgehend frei von Rivalität, aber immer noch lange voller Auseinandersetzungen ist. Die Kinder lernen in diesen Jahren, miteinander zu verhandeln, einander empathisch zu begegnen, an einem Strang zu ziehen und sich auch abzugrenzen – wenn wir sie richtig begleiten.

## »Hätte ich doch lieber ein Dreirad bestellt!«

»Ich war schön dumm, als ich sagte, ich wollte Geschwister haben! Warum habe ich mir nicht stattdessen lieber ein Dreirad bestellt!«, so denkt Peter in Astrid Lindgrens Buch *Ich will auch Geschwister haben* über seine kleine Schwester, als sie endlich geboren ist.[35] Die Geburt eines Geschwisterchens ist meist für alle ein freudiges Ereignis – außer vielleicht für das Erstgeborene. Jedes Mal, wenn ein Kind geboren wird, ändert sich die Familiendynamik radikal, ganz besonders beim ersten Mal. Wir haben ab jetzt nicht mehr »ein« Kind, wir haben »Kinder«. Diese können extrem unterschiedlich sein – und wenn wir glauben, wir würden über Kinder schon alles wissen, werden wir nicht selten völlig überrascht von dem neuen Wesen.

Die guten Ratschläge dazu kennen die meisten Eltern: das große Kind nicht vernachlässigen, einbeziehen, dem großen Kind von Besuchern auch ein Geschenk mitbringen lassen – und nicht nur dem Neugeborenen – und so weiter. Manchmal fängt es dann ganz prima an, doch wir Eltern sind bald ganz erstaunt: Die Schwester oder der Bruder, die als Baby so freudig begrüßt wurden, kriegen schon nach wenigen Monaten bei jeder Gelegenheit eins auf die Mütze. Sie dürfen nicht mehr mitspielen. Und als Erwachsene scheinen sich die Kinder schließlich völlig auseinanderzuleben – wie kann das sein?

Wenn wir die einzelnen Phasen der Geschwisterbeziehung verstehen, wissen wir, was die Kinder in den verschiedenen Phasen von uns brauchen, damit sie gut miteinander auskommen.

Eine gute Geschwisterbeziehung braucht gute Grundlagen, und die legen wir ganz klar in der frühen Kindheit aller Kinder. Aber unsere Begleitung wird weiter gebraucht. Die Kinder fechten ihre Plätze noch relativ intensiv aus, bis sie in der Grundschule sind, danach wird es in der Regel ruhiger. Solange sie lernen müssen, Bedürfnisse aufzuschieben, Impulse zu regulieren oder Konflikte zu verhandeln, brauchen sie uns an ihrer Seite. Wenn diese Fähigkeiten aber einmal gelernt sind, läuft das System weitgehend »von allein«. Damit verläuft die Geschwisterbeziehung in den ersten Jahren in einer U-Form.

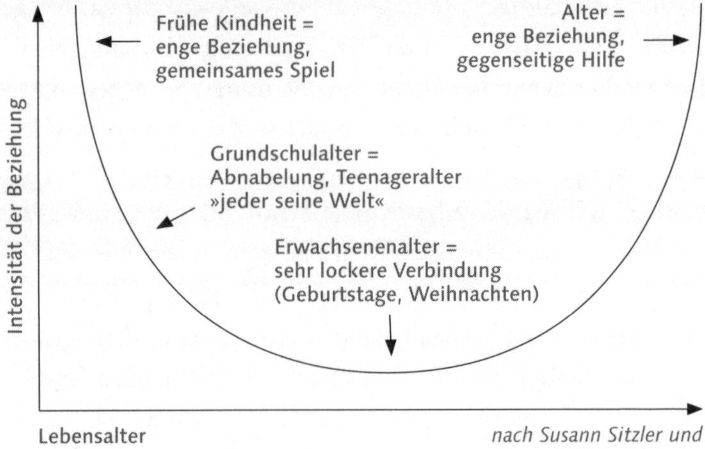


*nach Susann Sitzler und C. Otto Scharmer*

In den ersten Monaten empfinden alle das Baby als »süß«, und wenn die größeren Kinder sich nicht zurückgesetzt fühlen, können sie eine gute Bindung zu ihm aufbauen. Jetzt werden die ganzen netten Fotos geschossen, bei denen die Geschwister das Baby auf dem Arm haben, küssen oder lieb ansehen. So bleibt es – vorausgesetzt, es kommt kein Krankenhausaufenthalt, eine Trennung von der Mutter oder Ähnliches dazu –, bis das Baby krabbeln kann.

Jetzt wird es spannend. Wir können uns darauf einstellen, dass es etwa bis zum zweiten Geburtstag des Babys schwierig bleibt, in den meisten Familien wird es hier jedoch nicht einfacher, weil jetzt die Ich-Entwicklung des kleinsten Kindes für neuen Konfliktstoff sorgt. Erst wenn diese abgeschlossen ist und das kleinste Kind mit drei Jahren anfängt, empathisch zu reagieren, seine Impulse besser regulieren kann und soziale Regeln der Familie versteht, gibt es weniger Streit. In den nun folgenden Jahren wird die Beziehung deutlich besser. Die Kinder können ihre Konflikte zwar immer noch nicht komplett allein regeln, aber es ist möglich, Verhandlungen zu führen, Regeln zu erarbeiten und die Konfliktlösung in der Familie mehr und mehr den Kindern zu überlassen. Die Begegnungen der Geschwister sind immer stärker von Respekt und im Idealfall auch von Liebe geprägt

TIPP

**Ein lebenslanges Projekt**

Betrachten Sie die Geschwisterbeziehung als ein lebenslanges Projekt der Familie und die frühe Kindheit als das wichtigste Trainingsfeld. Bedenken Sie, dass Geschwister einander nicht lieben müssen: Das können wir nicht von ihnen verlangen. Sie sollen lediglich lernen, einander zu respektieren und anständig miteinander umzugehen – nicht mehr, aber auch nicht weniger.

## »Wir kriegen noch ein Baby!« – Was wir Kindern sagen und was besser nicht

Im Internet kann man viele Videos sehen, in denen gezeigt wird, wie Kinder reagieren, wenn man ihnen mitteilt, dass sie ein Geschwisterchen bekommen. Natürlich sind es vor allem Clips, in denen sich die Kinder unbändig freuen! Schauen Sie dabei mal in die erwartungsvollen Gesichter der gefilmten Eltern: Es dürfte zumindest schwierig sein, da als Kind ganz ehrlich »Och nö!« zu sagen …

Doch wie informiert man sein Kind oder seine Kinder über ein weiteres Geschwisterchen? Wir müssen da ein paar Dinge beachten:

- Ist es das erste Geschwisterchen oder schon das zweite, dritte oder wievielte?
- Wie alt ist das Kind, mit dem wir sprechen?
- In welcher Phase ist das Kind, mit dem wir sprechen?

Wenn ein Kind zum ersten Mal ein Geschwisterchen bekommt, wir also über das zweite Kind in der Familie sprechen, dann ist die Ansprache völlig anders, als wenn es das dritte, vierte oder fünfte Kind ist.

Beim ersten Geschwisterchen ist es eine neue Situation, die das Erstgeborene überhaupt nicht kennt – und wir ja auch nicht. Ist es noch unter drei Jahre alt, müssen wir zudem damit rechnen, dass es sich auch gar nicht vorstellen kann, was da genau passiert.

### *Wie wir einem Kleinkind vom neuen Baby erzählen*

- Suchen Sie eine Situation aus, in der das Kind satt, ausgeschlafen und entspannt ist. Und auch Sie sollten satt, ausgeschlafen und entspannt sein! Erzählen Sie es so undramatisch wie möglich. Vielleicht nachmittags beim Ausruhen und Vorlesen.
- Erklären Sie die neue Situation aus Sicht des Kindes: »Du wirst bald eine große Schwester oder ein großer Bruder

sein.« Statt: »Mama ist schwanger, und wir kriegen jetzt noch ein Baby.«

- Beantworten Sie Fragen einfach und kindgerecht: »Ja, das Baby wächst in Mamas Bauch. Es wird da sein, wenn wir Weihnachten gefeiert haben.« Statt: »Mama ist in der 22. Woche, und am 30. Dezember ist Geburtstermin.«
- Geben Sie dem Kind Beispiele und Perspektiven: »Lina hat auch einen kleinen Bruder, erinnerst du dich? So ein Baby bekommen wir. Erst ist es noch sehr klein, aber wenn es größer ist, kann es mit dir durch den Wald rennen.« Statt Bewertungen und Anforderungen: »Du wirst es ganz toll finden, Babys sind sehr süß, und du kannst bald für Mama auf das Baby aufpassen.«
- Wenn das Kind Sorgen äußert oder Fragen stellt, ob man das Baby auch wieder zurückgeben könne, wenn man es nicht wolle, gehen Sie auf das Kind ein: »Machst du dir Sorgen, dass Mama nicht mehr so viel Zeit hat? Der kleine Bruder von Lina weint oft, nicht wahr? Babys brauchen viel Zeit! Aber du wirst immer mein erstes Kind sein, ich liebe dich mit ganzem Herzen, und ich und Papa/Oma/Opa/Maja … werden immer für dich da sein. Du kannst immer zu mir kommen, auch wenn das Baby da ist.«
- Besorgen Sie altersgerechte Bücher für das kleine Kind, die sich mit dem Thema beschäftigen. Wenn es Interesse zeigt, lesen Sie sie ihm vor, wenn nicht, lassen Sie es sein – möglicherweise hat Ihr Kind gerade wichtigere Themen, und das ist auch in Ordnung. Das Baby kommt schon noch früh genug.
- Vermeiden Sie, wenn irgend möglich, alle größeren Veränderungen ab der Schwangerschaft und für die Zeit nach der Geburt, also Umzüge, Kindergarteneingewöhnung, Sauberkeitstraining, Abgewöhnen des Schnullers oder Ähnliches.

- Suchen Sie auch hier eine ruhige Situation, in der alle entspannt sind und es Zeit gibt für Fragen, Ideen und vor allem ganz viel Kuscheln.
- Erklären Sie die neue Situation wieder aus Sicht der Kinder.
- Beantworten Sie Fragen, und binden Sie das Kind / die Kinder in die Lösungsfindung ein: »Du machst dir Sorgen / ihr macht euch Sorgen, in welchem Zimmer das Kind schlafen soll? Lass(t) uns mal überlegen, meine Idee wäre … Was wäre deine/eure …?«
- Binden Sie die Kinder ein, wenn das gewünscht ist: Schauen Sie gemeinsam den Mutterpass an, nehmen Sie sie mit zum Ultraschall. Akzeptieren Sie, dass manche Kinder daran Interesse zeigen, andere nicht.
- Geben Sie Raum für negative Gefühle: »Du siehst gar nicht so begeistert aus, das ist okay. Magst du mir sagen, wie es dir geht?«
- Versichern Sie auch große Kinder Ihrer Liebe und dass immer genug für alle da sein wird.
- Teilen Sie mit den Kindern authentisch Ihre eigenen Gedanken und Prozesse: »Ich hab mich auch zuerst gefragt, wie wir das alles schaffen sollen, aber jetzt kommt es, und ich freue mich!« Oder: »Wir haben uns lange überlegt, ob wir noch ein Kind wollen, aber wir haben uns dafür entschieden, und zwar aus folgender Überlegung / folgendem Gefühl heraus …«
- Bauen Sie jetzt schon das Bewusstsein für den neuen Menschen und Empathie auf: »Babys kriegen von Anfang an alles mit – wie es sich wohl fühlt, wenn wir jetzt so über es reden? Magst du mal dein Ohr auf den Bauch legen?«
- Während der gesamten Schwangerschaft können wir weiter-

hin das Band zwischen den Kindern stärken. Es macht zum Beispiel einen Unterschied, ob ich immer »unser Baby« oder auch »dein Brüderchen« sage. Ich kann die älteren Kinder in die Namenssuche einbinden und ihnen mitteilen, dass das Baby alles hört, was sie sagen, wenn sie zum Beispiel singen oder sprechen. Wir können mit dem Baby im Bauch auch Kontakt aufnehmen, wenn es wach ist und sich bewegt, es streicheln, seine Tritte sanft beantworten und schauen, ob es sich noch mal meldet.

- Dass die großen Kinder hinreißend sind, können Sie dem Baby in Ihrem Bauch schon jetzt laut sagen: »Du hast so wunderbare Geschwister, sie haben so schöne Spielideen, ihr werdet eine gute Zeit miteinander verbringen!«
- Rechnen Sie damit, dass eines oder mehrere Ihrer Kinder zunehmend schwierig, weinerlich oder anstrengend werden – die Ankunft eines Geschwisterchens können sie als eine bedrohliche Situation auffassen. Versuchen Sie, so nah und so sanft wie möglich mit den Kindern zu sein, versichern Sie sie Ihrer Liebe, fassen Sie ihre Sorgen in Worte, versorgen Sie die Kinder mit Extra-Zeit, Extra-Streicheleinheiten und Extra-Umarmungen. Seien Sie nachsichtig und geduldig. Es kann sein, dass ein Kind die besondere Zuwendung von Papa oder Oma in dieser Zeit ablehnt, weil es um seine Mutter fürchtet, oft die primäre und damit wichtigste Bezugsperson. Nehmen Sie es gelassen hin, und geben Sie dem Kind so viel »Mama« wie möglich.
- Kurz bevor das Baby geboren wird, können wir den Kindern Bilder aus ihrer eigenen Babyzeit zeigen, ihnen erzählen, wie das mit ihnen war, und besonders, was sie damals gebraucht und bekommen haben. So wird ihnen klar, dass jeder mal klein und bedürftig war und wie schnell so ein kleines Baby groß wird.

- Wenn Ihre Kinder »Mutter und Baby« spielen wollen – machen Sie mit! Entweder spielen die Kinder mit einer Babypuppe, dann können Sie zeigen, wie man einen Säugling hält, ihn über die Seite hochnimmt, wickelt oder beruhigt. Oder ein größeres Kind will selbst noch mal Baby sein – das wird in der nächsten Zeit oft passieren –, und auch dann sollten wir wann immer möglich auf das Spielangebot eingehen. So können wir ein Bedürfnis erfüllen und dem Kind gleichzeitig zeigen, wie man liebevoll mit einem kleinen Menschen umgeht.

## Die Geburt des neuen Geschwisterchens

Wir sollten jedes Kind darauf vorbereiten, was unter der Geburt passieren wird und wie so ein Neugeborenes aussieht, besonders wenn es sehr kurz nach der Geburt schon mit ihm konfrontiert werden wird. Neugeborene sind oft zerknautscht, sehr, sehr klein und haben interessante Flecken überall. Sie haben wenig zu tun mit den properen, rosigen Babys in den Kinderbüchern!

Erzählen Sie Ihrem Kind am besten von seiner eigenen Geburt – kindgerecht, aber ohne es zu beschönigen. So hat es eine Vorstellung davon, wie das Ganze abläuft, und meistens hören Kinder die eigene Geschichte mit Begeisterung.

Wenn das neue Baby zu Hause geboren wird, dann müssen sich die Eltern darüber klar sein, ob das oder die anderen Geschwister dabei sein sollen oder nicht. Falls Sie sich dafür entscheiden, sorgen Sie für eine Notfall-Lösung – wenn die Mutter unter der Geburt plötzlich entscheidet, dass sie allein sein muss, um sich dem Geburtsprozess hingeben zu können, dann darf keine Hektik ausbrechen, sondern es sollte ein vorher abgesprochener, eingearbeiteter »Stand-by-Babysitter« einspringen können.

Wenn das Baby im Geburtshaus oder Krankenhaus geboren wird, müssen die größeren Geschwister ohnehin in guten Händen sein. Bereiten Sie diese Situation sorgfältig vor – Sie haben dafür fast vierzig Wochen Zeit.

Viele Eltern haben große Sorgen, ob ihr Zweijähriges eine plötzliche, möglicherweise ja auch nächtliche Trennung verkraften wird, wenn die Geburt losgeht. Wichtig für Ihr kleinstes Kind ist, dass es bei einer ihm vertrauten Person sein kann, zu der es eine feste Bindung hat. Es sollte gewohnt sein, mit dieser Person allein Zeit und vielleicht sogar die Nacht zu verbringen, damit die Trennung für die Geburt keinen plötzlichen Bindungsstress auslöst. Wenn wir mehrere Kinder haben, dann bringen wir sie gemeinsam unter. Lassen Sie sich nicht dazu verführen, die Kinder generell an mehr Trennungen von der Mutter zu gewöhnen, denn die Kleinen brauchen gerade jetzt mehr Nähe. Gleichzeitig sollten wir sie sanft an ihre Betreuungsperson gewöhnen oder auf jemanden zurückgreifen, den die Kinder gut kennen und der sie beruhigen kann, wenn sie weinen. Nur wenn eine Mutter weiß, dass ihre Kinder gut versorgt sind, kann sie sich optimal für eine Geburt entspannen.

Informieren Sie das Kind darüber, was passieren wird: »Wenn das Baby kommt, dann holt dich Oma ab oder kommt zu uns nach Hause, und ihr macht euch eine gute Zeit, bis wir wieder da sind; und dann bringen wir dein Geschwisterchen mit!« Signalisieren Sie Ihrem Kind, dass Sie ihm und seiner Vertrauensperson zutrauen, das gut zu schaffen.

**Ein »Notfallbeutel« für Trennungen**
TIPP Wir haben in unserer Familie für alle Arten von Trennung einen sogenannten »Notfallbeutel« für jedes Kind. Darin sind besonders schöne Stifte zum Malen und kleine Blöcke, außerdem kleine Spiele, Aufkleber, hübsche Radiergummis, Taschentücher, Familienbilder, Badekugeln und so allerlei Zeugs, das die Kinder gern mögen und sich auch selbst ausgesucht haben. Wenn sie von mir getrennt sind und es ihnen schwerfällt, mich gehen zu lassen, nehmen sie ihren Beutel mit und haben dort lauter vertraute, besondere Dinge, an denen sie sich freuen und mit denen sie spielen können, bis ich wieder da bin.

## *Tandemstillen oder Abstillen?*

Wenn das kleinste Kind noch gestillt wird, denken viele Mütter, dass sie es jetzt zur Geburt des neuen Kindes abstillen müssen. Das ist grundsätzlich in unserer Zeit nicht mehr notwendig, weil wir über ausreichend Nahrung verfügen, um auch Milch für zwei Kinder zu produzieren. Die Muttermilch orientiert sich in ihrer Zusammensetzung immer am kleinsten Kind, und so ist es durchaus möglich, auch zwei Kinder »tandemzustillen«. Es kann helfen, wenn das große Kind nachts abgestillt ist, feste Stillzeiten hat oder zum Beispiel nur noch zum Einschlafen an die Brust kommt, um die Mutter weniger stark zu belasten.

Möchte die Mutter abstillen, sollte sie das dem Kind gegenüber nicht mit dem Baby in Verbindung bringen (»Das Kleine braucht jetzt die Milch«), sondern mit ihrem persönlichen Wunsch (»Ich habe entschieden, dass ich nicht mehr stillen möchte«). Es ist wichtig, schrittweise vorzugehen und die wichtigste Stillmahlzeit – oft das Einschlafstillen – am längsten beizubehalten.[36]

Manchmal haben Mütter in der Schwangerschaft aber auch einfach keine Milch mehr, dann erübrigt sich die Frage des Abstillens. Das große Kind braucht jetzt besonders viele Streichel- und Kuscheleinheiten, damit es die Nähe und den Körperkontakt nicht gemeinsam mit der Muttermilch verliert. Wenn das Kind mehr von uns braucht, merken wir dies daran, dass es sich zurückzieht, schnell aus der Balance gerät oder sogar aggressiv wird. Nachdem das Baby geboren worden und wieder Milch da ist, entscheidet die Mutter, ob jetzt trotzdem Schluss ist oder sie noch mal anfängt, das Große zu bestimmten Zeiten zu stillen.

TIPP

**Wann abstillen?**

Wir wissen, dass dieser Aspekt der Geschwister für die größeren Kinder sehr belastend sein kann, und müssen daher sehr achtsam mit uns selbst und den Kindern umgehen. Abstillen sollte ein aufmerksamer gemeinsamer Prozess sein. Die Entscheidung ist immer eine ganz persönliche und wird am besten ausschließlich von Mutter und Kind getroffen.

## *Mit dem Baby nach Hause kommen*

Wenn Sie mit dem neuen Familienmitglied nach Hause kommen, dann begrüßen Sie Ihr großes Kind oder die großen Kinder so wie sonst auch. Laura Markham empfiehlt: Haben Sie die Hände frei, geben Sie das Baby kurz jemand anderem, und kommen Sie mit offenen Armen und der echten Freude, Ihre Kinder zu sehen. So beginnt die Freundschaft mit dem neuen Baby nicht gleich mit der Erfahrung, »dass Mama jetzt nicht mehr für mich da ist, dass ich aufpassen muss und nicht mehr an sie herandarf«, sondern mit der Erfahrung, »dass Mama mich genauso freudig und exklusiv in den Arm nimmt wie zuvor«.[37]

Für das Bonding – die (Ver)bindung zwischen Eltern und Baby –, das Stillen und das Ankommen aller Beteiligten ist es ideal, wenn in den nächsten drei bis sechs Wochen nur wenig Besuch kommt, kaum Termine sind und sich die Eltern wenig um den Haushalt und so viel wie möglich um die Kinder kümmern können.

Bitten Sie Besucher, ein Geschenk für das oder die großen Kinder mitzubringen, ein »Große-Geschwister-Geschenk«. Für sie ist es viel wichtiger, etwas zu bekommen, als dass das Baby seinen fünfzehnten Strampler hat. Lassen Sie sich darüber hinaus mit Essen beschenken, damit Sie sich um die Kinder kümmern können und in der ersten Zeit nicht kochen müssen.

Und nicht zuletzt noch eine schöne Idee von Laura Markham. Wenn wir mit den großen Kindern spielen und das Baby plötzlich weint, müssen wir die Aktion unterbrechen. Die Kinder erfahren so immer wieder, dass das Baby eine ärgerliche Störung des gemeinsamen Spiels darstellt. Laura Markham empfiehlt, die Situation einfach anders aufzuziehen und nicht zu sagen: »Oh, Liam weint, ich muss kurz weg«, sondern: »Oh, Liam wacht auf … er will mit euch spielen! Kommt, wir holen ihn her!«, und dann unser Kind oder unsere Kinder begeistert zu umarmen und gemeinsam das Baby zu holen. Wenn das Baby zufrieden ist, können wir genauso andersherum erklären: »So, Liam, jetzt binde ich Mia die Schuhe, gleich bin ich wieder für dich da, aber jetzt wartest du kurz.« So erfahren die großen Kinder, dass jeder mal warten muss und dass das Schreien des Babys keine ärgerliche Störung ist, sondern ein Kontaktruf – was de facto ja auch zutrifft.[38]

## Die erste Phase
## (0 bis 8 Monate)

In der ersten Phase – von der Geburt des neuen Babys bis etwa zum achten Monat – ist es, wie gesagt, wichtig, dass unsere größeren Kinder alle Aufmerksamkeit bekommen, die sie brauchen. Das gilt besonders für die kleinsten von ihnen. Die Eltern haben das Baby meistens auf dem Arm, so können sie jederzeit den Größeren zeigen, wie sie mit ihm umgehen sollten.

In dieser ersten Phase ist es empfehlenswert, Folgendes zu berücksichtigen:

- Geschwister – besonders wenn sie selbst noch sehr klein sind – gehen manchmal recht ruppig mit einem Neugeborenen um. Bleiben Sie gelassen, schimpfen Sie nicht. Babys sind robuster, als wir denken, und kleine Kinder lernen schnell, wie man sie berühren darf.
- Babys verströmen einen Duft, der auf jeden Fall ihre Mütter beeinflusst und möglicherweise auch eine Wirkung auf andere Menschen in ihrer Umgebung hat. Setzen Sie Ihren anderen Kindern das Baby auf den Schoß, und lassen Sie sie an ihm schnüffeln. Der Duft schafft Bindung, und Bindung ist Schutz.
- Wenn ein Kind eifersüchtig wird, weil jetzt das neue Baby da ist, braucht es keinen Vortrag und keine Beschwichtigung, sondern Extra-Umarmungen, Alleinzeit mit Mama, besonders viel Körperkontakt und volle Präsenz (schalten Sie das Handy aus).

- Binden Sie die großen Geschwister in die Babypflege ein, und vertrauen Sie ihnen. Oft weiß schon der dreijährige Bruder am besten, wann das Baby müde ist, mal muss, Hunger oder die Windel voll hat. Fragen Sie das große Kind, was es meint, warum das Baby weint – Sie werden erstaunt sein, was für kluge Antworten Sie bekommen.
- Stellen Sie sicher, dass jedes Kind Zeit mit beiden Eltern hat – das Baby, damit es eine Bindung zum Papa aufbaut, das große Kind oder die großen Kinder, damit sie auch oft mit Mama zusammen sind.
- Verbringen Sie viel Zeit auf dem Boden bei Ihrem Kleinkind zusammen mit dem Baby – so entsteht schon rein räumlich kein so großer Abstand, und Sie können zum Beispiel stillen und Holzeisenbahnschienen zusammensetzen.
- Machen Sie mit den Kindern Musik und singen Sie. Einfache Lieder und eine einfache Trommel reichen dafür. Das ist für jedes der Kinder interessant, lehrreich und verbindend.

All das zu schaffen, wenn plötzlich ein neues Baby da ist, mag unmöglich erscheinen. Der Trick ist, dass wir nicht alles schaffen müssen, sondern nur das Wichtigste: unsere Kinder lieben. Alles andere kann warten. Ehrlich. In den ersten Wochen dürfen wir die Wäsche direkt von der Wäscheleine anziehen und sonst hängen lassen, Fertigessen für alle machen, wochenlang nicht staubsaugen (oder eine Putzhilfe engagieren), Rückrufe und Geburtstage vergessen, die Nachbarn einspannen und uns auch ansonsten ausschließlich um uns und die Kinder kümmern. Die Beziehung sollte absolute Priorität haben, wir legen gerade eine Grundlage dafür, wie unsere nächsten Jahre werden – machen Sie das ein paar Wochen lang zur wichtigsten Sache in Ihrem Leben.

## Die zweite Phase (8 bis 16 Monate)

Die Forscher sagen: Sobald das neue Kind zwischen dem achten und sechzehnten Monat krabbeln und laufen lernt, wird es in der Familie deutlich schwieriger. Denn jetzt liegt das süße Baby nicht nur herum, riecht gut und macht lustige Geräusche, sondern es macht plötzlich liebevoll aufgebaute Spielwelten kaputt.

In dieser Phase können auch massiv Gefühle wie Wut und Angst bei den Eltern hochkommen: Wie wird das werden? Wie lange geht das jetzt so weiter? Warum ist das große Kind so aggressiv? Wie sollen wir das nur schaffen? Schlafentzug, Stress und Überlastung summieren sich zu einem gefährlichen Cocktail, der zu negativem Erziehungsverhalten führt – wir schimpfen, meckern und sehen durch den Stress die Situation negativer, als sie ist. Hier hilft jede kleine Pause im Alltag: fünf Minuten auf den Boden legen und nichts tun, immer schlafen, wenn es möglich ist, oder schlicht liegen. Lernen Sie Meditation, Entspannung oder autogenes Training, schauen Sie sechzig Sekunden lang auf den Zeiger einer Uhr, oder atmen Sie zehn Mal ein und aus, ohne an etwas zu denken – alles, was dem Gehirn eine Auszeit gibt, hilft uns.

In dieser ersten Phase müssen wir einerseits gut für uns und das Baby sorgen, klare Grenzen ziehen und andererseits einfühlsam mit den größeren Kindern umgehen.

### Ein paar Ideen zum Umgang mit den älteren Kindern

- Fassen Sie Gefühle in Worte, wenn die Kinder sich beschweren und unglücklich sind: »Ich kann mir vorstellen, dass es nicht einfach ist, wenn sich jetzt so vieles ändert. Es ist für uns alle eine Umstellung. Komm in meine Arme!« Wenn Ihr Kind sich gar nicht beschwert, kann es helfen, in Worte zu fassen, was dennoch offensichtlich ist: »So ein Baby verändert viel, manchmal haben große Kinder dann Sorge, dass Mama und Papa sie nicht so lieb haben wie das neue Baby. Ich will, dass du weißt, dass du immer unser erstes Kind bist und dass wir genug Liebe für alle haben. Egal, wie viel Zeit ich jetzt gerade mit dem Baby verbringe, weil es noch so klein ist und ganz viel braucht, ich habe dich in meinem Herzen. Du kannst immer zu mir kommen, wenn du dich nicht wohlfühlst, und ich bin da für dich und habe eine Extra-Umarmung für dich.«

- Bieten Sie immer Kuscheln und Körperkontakt an, wenn das Kind unglücklich ist. Falls es ablehnend reagiert, bleiben Sie da, machen Sie deutlich, dass Sie zur Verfügung stehen, wenn das Kind so weit ist. Meine Tochter erklärte mir mal: »Mama, wenn ich sage, dass du weggehen sollst, dann will ich das gar nicht, du sollst da bleiben und warten, bis ich zu dir kommen kann.« Genau so sehen das auch Bindungsforscher, wir bleiben also einfach da und signalisieren: Ich warte auf dich.
- Erinnern Sie Ihr Kind – und sich selbst! – daran, dass diese Phase vorbeigeht, dass das Baby wachsen und alles einfacher werden wird, wenn die ersten zwei Jahre geschafft sind.
- Laura Markham greift einen Vorschlag der Erziehungsexpertin Dr. Jane Nelsen auf, um Kindern zu zeigen, dass Liebe nicht weniger wird: Zünden Sie eine Kerze an, und erklären Sie dem Kind, die Flamme sei die Liebe in Ihrem Herzen. Zünden Sie an dieser Flamme eine weitere Kerze an. Dies ist der Papa vom Kind, der jetzt auch etwas von

Ihrer Liebe hat. Zünden Sie eine weitere Kerze für jedes Familienmitglied an, und machen Sie so sichtbar, dass, selbst wenn alle Kerzen an der ersten angezündet wurden, immer noch alle Kerzen ihre Flammen – die Liebe – haben und diese noch immer gleich groß ist. Eine schöne Idee, um zu zeigen, dass Liebe nicht kleiner wird.[39]

- Wenn Ihr kleines Kind sein Geschwisterchen allzu herzlich drückt, setzen Sie klare Grenzen: »Das ist zu viel für das Baby.« Und bieten Sie eine Alternative: »Du kannst mich ganz doll drücken!« Wenn Ihr Kind nicht aufhört, setzen Sie die Grenze durch, aber seien Sie darauf gefasst, dass jetzt Wut und Tränen kommen. Das ist gut – die Wut oder die Trauer waren schon längst da und können jetzt raus. Begleiten Sie Ihr Kind durch seinen Schmerz mit Liebe und Präsenz: »Du bist sauer, das verstehe ich, ich bin hier, du kannst einfach weinen.«

Das alles klingt so, als wäre es eine Menge Arbeit und man müsse ständig mitdenken? Ja, so ist es sicher. Aber die gute Nachricht lautet: Wenn wir diese Ratschläge nur hin und wieder beherzigen, wird es schon enorm helfen. Und ja, die Kinder und ihre Beziehung sind in den ersten 24 Monaten unser Fokus. Wir legen hier das Fundament für eine achtzig bis hundert Jahre währende Beziehung! Es lohnt sich.

### *Mehrere Kinder ins Bett bringen*

Wenn Kinder altersmäßig sehr eng beieinanderliegen, kann es schwierig sein, sie gemeinsam ins Bett zu bringen. Im Idealfall stillen wir das Baby in den Schlaf und lesen nebenbei dem

Kleinkind vor, bis es einschläft, während die älteren Kinder gegebenenfalls in einem anderen Zimmer noch spielen und warten, weil sie ohnehin später schlafen gehen.

Schwierig wird es, wenn wir abends sehr aktive Babys oder Kleinkinder haben. Was wir tun können:

- **Das Baby muss in den Schlaf getragen werden, aber das Kleinkind ist schon müde.** Machen Sie beide Kinder frühzeitig (!) bettfertig (essen, gegebenenfalls wickeln et cetera), und gönnen Sie Ihrem großen Kind noch etwas Zeit, in der Sie sich um seine Belange kümmern. Bringen Sie das große Kind in einem halbdunklen Zimmer ins Bett mit einem Kuscheltier oder einer Kuscheldecke. Sagen Sie ihm, dass Sie sich gleich zu ihm legen, sobald das Baby schläft. Dann nehmen Sie das Baby in eine Trage oder auf Ihren Arm und laufen im Zimmer langsam auf und ab. Singen Sie etwas, oder erzählen Sie eine Geschichte, die spannend anfängt und dann immer langweiliger wird. Die Bewegung, Ihre Stimme und die Ruhe werden auch ein unruhiges Baby in den Schlaf bringen. Wenn das große Kind herumlaufen will, nehmen Sie es an die Hand, und laufen Sie mit ihm zusammen hin und her. Das große Kind wird lernen zu warten, bis das Baby eingeschlafen ist. Dann legen Sie das Baby ab und kuscheln ausgiebig mit dem großen Kind, bis es ebenfalls eingeschlafen ist.
- **Das Baby ist müde, das Kleinkind aber noch hellwach.** Legen Sie sich mit dem Kleinkind und dem Baby ins Bett, und lesen Sie dem Kleinkind noch etwas vor. Wenn es nicht still sitzen kann, toben Sie mit ihm noch ein bisschen durch das Bett – die Energie muss raus. Manchmal wollen auch die Babys noch mit den Großen toben, bevor sie schlafen können. Wenn das Kleinkind absolut keine Ruhe gibt, bestrafen

Sie es nicht, das verstärkt nur seine Eifersucht. Geben Sie ihm etwas ganz Besonderes zu tun: Es kann malen oder ein Hörspiel hören oder … sogar zwanzig Minuten Kinderfilm finde ich persönlich besser als jeden Abend zwei schreiende Kinder – es ist ja nicht für ewig.

- **Sorgen Sie für Hilfe und die richtige Fokussierung.** Gibt es jemanden, der eine Weile zu Ihnen kommen und abends das Baby oder das Kleinkind versorgen kann, während Sie das andere Kind ins Bett bringen? Kann der Vater morgens früher gehen und dafür abends eher kommen? Kann Oma ein paar Wochen da sein? Eine Nachbarin? Holen Sie sich jede Hilfe, die Sie bekommen können. Stress ist enorm schädlich für alle und sollte um jeden (!) Preis vermieden werden. Ihr Fokus sind die Kinder – alles andere kann warten.
- **Tun Sie das, was funktioniert.** Ja, es ist keine Lösung, Kinder jeden Abend im Buggy oder sogar im Auto in den Schlaf zu fahren. Ja, es ist nicht gut, wenn Kleinkinder jeden Abend YouTube-Videos ansehen, bis das Baby schläft. Ja, es ist nicht gut, sie mit Essen zu beschäftigen, damit sie still sind, wenn das Baby gerade wegdämmert. Aber ich bin dafür, das zu tun, was Stress vermeidet, solange es sein muss. Wie gesagt: Es ist ja nicht für immer! Jeden Abend eine überforderte, schreiende Mutter zu haben ist für ein Kleinkind wirklich schädlich. Tun Sie alles, was Sie können, um diese Situation so selten wie möglich zu haben – auch wenn wir sie nicht ganz vermeiden können.
- **Seien Sie den Kindern einen Schritt voraus.** Viele Kleinkinder können ab etwa 16.00 Uhr nicht mehr kooperieren, weil ihr Tag lang war. Wir müssen also frühzeitig anfangen, vom Spielplatz nach Hause zu laufen, zu Abend zu essen und die Kinder bettfertig zu machen, oder sie gegebenenfalls mit der Tageskleidung und ungeputzten Zähnen ins Bett

bringen, wenn wir zu spät dran sind. Es ist nicht der Job der Kinder, das Timing im Auge zu behalten.

All diese Strategien funktionieren vor allem dann gut, wenn das Kleinkind über den Tag verteilt viel Kuschelkontakt hatte, also »satt« ist und keine ungelösten Probleme hat. Dafür kann es gut sein, am Nachmittag noch mal einen richtig heftigen Weinanfall zu begleiten (statt das Kind abzulenken) – dann ist alles »raus«, und es schläft sich leichter.

### *Wie wir zu ruhigen Stillmahlzeiten kommen*

Da es evolutionär ein Kampf um Ressourcen ist, stören viele Geschwister, besonders wenn sie unter drei Jahre alt sind, massiv das Stillen des neuen Babys. Folgende Strategien können helfen:

- Kuscheln und toben Sie kurz vor dem Stillen noch mal mit dem großen Kind, bringen Sie es zum Lachen, und sorgen Sie für eine gelöste Stimmung und Kontakt.
- Setzen Sie sich statt auf den Stillstuhl auf ein Sofa, damit das große Kind sich auch an Mama ankuscheln kann.
- Sorgen Sie dafür, dass das große Kind weder Hunger noch Durst hat, und haben Sie zur Not einen Snack zur Hand.
- Bieten Sie an, mit Ihrem großen Kind beim Stillen etwas anzuschauen oder ihm vorzulesen – das ist besonders gut, wenn das Baby einschlafen soll und das große Kind deshalb nicht wild herumtollen kann.
- Singen Sie mit Ihrem Kind.
- Wenn das Baby es toleriert und sich das Stillen gut einge-

spielt hat, dann spielen Sie beim Stillen mit dem großen Kind, verstecken Sie sich hinter einem Tuch und tauchen Sie wieder auf, kitzeln Sie es sanft, ziehen Sie Grimassen und so weiter.

- Machen Sie mit dem großen Kind Zeichen aus, die Zuwendung ausdrücken, zum Beispiel eine hin und her gedrehte Hand für »Ich hab dich lieb« oder eine offene Hand für »Gleich bin ich bei dir« – so können Sie auch mit ihm kommunizieren, wenn das Baby gerade dabei ist wegzunicken.[40]
- Planen Sie feste Zeiten am Tag ein, in denen das große Kind Zuwendung bekommt, zum Beispiel immer vor dem Aufstehen noch eine Kuschelrunde oder nachmittags, wenn das Baby schläft oder bei Papa ist.

Wenn alles nichts hilft und Ihr größeres, aber noch kleines Kind weiterhin das Stillen stört, müssen Sie ihm noch weiter voraus sein. Es braucht mehr Alleinzeit mit Mama, Nähe und Körperkontakt, mehr Herumalbern und manchmal auch mehr Raufereien mit seinen Eltern, um sich auszutoben. Wenn das Baby unerwartet aufwacht oder sehr oft gestillt werden will, dann sollten wir etwas zur Hand haben, mit dem unser großes Kind besonders gern spielt – möglichst nicht das Smartphone, sondern ein besonderes Spielzeug, Fingerfarben oder Knete.

An ganz schlechten Tagen setzen wir das große Kind in eine warme Badewanne, in der es planschen kann, während wir das – vielleicht zahnende, unzufriedene – Baby stillen. Und putzen Sie hinterher nicht gleich das Bad, sondern bringen Sie einfach die Kinder ins Bett, und legen Sie sich dazu! Sie brauchen jetzt jede Energie und Pause, die Sie bekommen können.

Falls Sie es nicht schon tun, gewöhnen Sie sich an, Ihre Kinder ganz selbstverständlich immer wieder in den Arm zu nehmen, ihnen zu sagen, wie sehr Sie sie lieben. Lachen Sie mindestens einmal am Tag herzhaft zusammen. Lachen löst Ängste und Stress, besonders am Nachmittag ist Albernheit ein wichtiger Baustein für einen entspannten Abend. Nehmen Sie die Dinge nicht so ernst (»Das kann schon mal passieren«), Erziehung ist jetzt nicht das Thema, Verbindung ist nun wichtiger.

Wenn es Probleme gibt, eignen Sie sich an, immer erst mal zuzuhören und zu fragen: »Was fühlst du, was ist passiert?«, um dann zu sagen: »Oh, das kann ich verstehen …« Das ist immer die richtige Reaktion, denn ein Kind unter Stress, das weint oder sauer ist, kann ohnehin nicht zuhören, es braucht zuerst unser Mitgefühl, muss sich verstanden fühlen und wieder mit uns in Kontakt gehen, bevor es etwas aufnehmen kann. Wenn wir uns das zur Routine machen – statt ein entsetztes »Was machst du denn da?« zu äußern, erst mal zu sagen: »Oh, du weinst/tobst/schreist, komm mal her« –, kann das viel zum Positiven hin verändern. Der Morgen und der Abend sind in der Regel die besten Zeiten, um sich miteinander zu verbinden, zu kuscheln oder noch mal ein paar Minuten füreinander da zu sein.

TIPP

**Klein, aber herzlich**

Wenn wir es schaffen, im stressigen Alltag mit sehr kleinem Aufwand, aber herzlichen Zuwendungen immer wieder den Kontakt zu intensivieren, kommen wir in der Regel gut durch die ersten anderthalb Jahre mit den kleinen Kindern.

## Die dritte Phase (16 bis 24 Monate)

Unser Baby ist nun selbst ein Kleinkind geworden, es kann laufen und verstehen, was man sagt. Es entwickelt langsam einen eigenen Willen und eigene Interessen, erforscht seine Umwelt – und ist dem großen Kind gleichzeitig Spielkamerad und oft auch schlicht im Weg. In der Familie entsteht eine Kindergruppe, die auch ohne die Eltern kleine Spiele erfindet und die Gegend erforscht. Die ganz stressigen Konflikte um Stillen, Schlafen und kaputte Klötzchentürme nehmen langsam ab. Das kleinere Kind ist leichter zu beschäftigen, die Schlafenszeiten sollten einfacher werden.[41]

Jetzt kommt es vor allem darauf an, Konflikte zu moderieren und – ganz banal – das Zeitmanagement der Familie gut im Blick zu behalten. Müde und hungrige Kinder streiten viel eher als satte und ausgeschlafene. Das gilt auch für Eltern!

### Einige Ideen zur Konfliktvermeidung

- Sorgen Sie für eigene Räume für jedes Kind. Das sind zum Beispiel sichere Bereiche, in denen das Baby nichts kaputt machen kann, was das große Kind gebaut hat, und wohin sich das große Kind zurückziehen kann. Das ist auch die Freiheit, sich woanders die Zähne zu putzen, sich alleine ein Buch anzusehen und so weiter.
- Erwarten Sie von großen Kindern Respekt und Fairness, aber niemals Babysitting und Liebe. Wenn die Kinder es freiwillig geben, gut; wenn nicht, muss das okay sein. Machen Sie das sichtbar: »Ja, ich verstehe, du hast keine Lust, mit ihm zu spielen. Das ist okay. Wir finden eine andere Lösung, damit ich duschen kann.«

- Machen Sie deutlich, wo das große Kind dem kleinen Kind etwas beibringt, wenn es sich jetzt entwickelt, wie laufen, essen, sprechen – und freuen Sie sich gemeinsam.
- Wenn Sie merken, dass ein Streit in der Luft liegt, wechseln Sie mit den Kindern den Raum, die Aktivität, oder trennen Sie sie – seien Sie den Kindern einen Schritt voraus.
- Teilen Sie Ihre Zeit unter den Kindern auf – nicht gleich lang, sondern nach den Bedürfnissen der Kinder.
- Wenn Sie Zeit mit einem Kind verbringen, schalten Sie das Smartphone aus, linsen Sie nicht auf die Zeitung, gehen Sie nicht im Kopf den Einkaufszettel oder das Projektmanagement durch – seien Sie ganz präsent. Die Kinder fühlen sonst, dass sie keiner vollen Aufmerksamkeit wert sind, und reagieren mit Traurigkeit.
- Überfordern Sie »brave« Kinder nicht – wenn ein Kind sich gut benimmt oder hilfsbereit ist, tendieren Eltern dazu, ihm weniger Aufmerksamkeit zu widmen und mehr Aufgaben zu übertragen. Seien Sie achtsam, und versorgen Sie alle Kinder mit exklusiver Zeit, bevor eines der Kinder sich durch abweichendes Verhalten erst bemerkbar machen muss.
- Schauen Sie sich etwas von den Techniken in Kursen nach dem Prinzip der ungarischen Kinderärztin Emmi Pikler ab,[42] und lassen Sie Ihr kleines Kind die Welt auch ganz allein und in Ruhe erforschen, ohne es ständig zu bespaßen, zu bewerten, zu kommentieren oder einzugreifen. (Anders als die meisten Animationskurse für kleine Babys setzen Pikler-Kurse darauf, schon Krabbelkinder eine vorbereitete Umgebung selbst erforschen zu lassen. Die Eltern sind da, wenn sie gebraucht werden, mischen sich aber ansonsten nicht ein.)

- Schaffen Sie eine »Ja-Umgebung«. Alles ist leichter, wenn sich das Kind in einer Ja-Umgebung befindet, in der es vieles selbst entscheiden (nackig sein) und vieles ausprobieren kann (»Was passiert, wenn ich den Stock in die Pfütze werfe?«). Und mit Eltern, die Zeit für die Prozesse des Kindes haben (selbst Schuhe anziehen), wird alles ruhiger ablaufen als in einem eng getakteten Leben in einer Designerwohnung, in dem ständig jemand »Nein!« und »Beeile Dich!« rufen muss.
- Beginnen Sie, Fragen zu stellen, neugierig zu sein, die Kinder einzubeziehen: »Hm, ich frage mich, wie wir das lösen könnten ... Du willst alle Eisenbahnteile für dich, deine Schwester will mitspielen – was könnten wir denn machen?« Wenn meine Kinder sagen: »Ich habe eine Idee!«, dann hören sie von mir immer den begeisterten Ausruf: »Ich liebe Ideen!«, egal, was dann kommt. Diese einfache Verstärkung führt dazu, dass die Kinder immer häufiger mitdenken und Vorschläge machen.

### *Der Umgang mit Hassgefühlen größerer Kinder*

Wenn das »kleine« Kind auf das zweite Jahr zugeht, haben wir in der Regel ein vier- oder fünfjähriges Geschwisterkind mit im Haus. Dieses Kind ist sozial bereits sehr intelligent und kann seinen Gefühlen mit Sprache Ausdruck verleihen. Dann mag es schon mal sein, dass wir Sätze hören wie »Ich wünschte, Lea wäre tot!«, »Ich bin euch völlig egal!«, »Ich wünschte, ich wäre tot!« oder »Ich hasse Anna«.

In jedem dieser Fälle ist es wichtig, dass wir ruhig und empathisch reagieren. Wenn wir – auch nonverbal – deutlich machen, dass so etwas nicht gesagt oder gefühlt werden darf, dann müssen die Kinder diese Gefühle wegdrängen, sie lernen aber nicht, damit umzugehen. Irgendwann kommen sie wieder hoch. Es ist viel klüger – und am Ende arbeitssparender –, wenn wir die Kinder abholen und auffangen: »So fühlst du dich? Du bist richtig sauer/verletzt, ich höre das. Du fühlst dich überflüssig und allein ... Hast du das Gefühl, wir haben zu wenig Zeit für dich? Hm, ja, das kann ich verstehen. Manchmal kommen hier alle zu kurz. Es wird vorbeigehen, aber im Moment ist es wirklich schwierig. Komm in meine Arme, es tut mir leid, dass du dich so fühlst. Ich liebe dich so sehr, du bist doch mein Kind! Vielleicht brauchen wir mehr Zeit für uns zwei? Hast du eine Idee, was wir machen könnten, nur wir beide?«

Wenn es gut läuft, weint das Kind sich aus. In jedem Fall fühlt es sich gesehen und kann die hasserfüllten Gefühle zulassen – und dann auch loslassen. Wichtig ist, dass die gemeinsame Zeit nun auch wirklich zuverlässig stattfindet. Statt eine große Versprechung zu machen, die Sie dann nicht einlösen können (»Wir zwei allein im Zoo am Samstag«), finden Sie lieber einen realistischen Termin, den Sie halten können (»Heute Abend zehn Minuten nur für uns beide«).

## Die vierte Phase (24 Monate und mehr)

Die eingangs erwähnten Forscher des Max-Planck-Instituts identifizierten drei Phasen in der frühen Kindheit. Danach folgt aber die nächste Phase, wenn die Kinder das zweite Jahr gemeistert haben und im dritten Jahr verständiger und unabhängiger werden. Jetzt zeigt sich schon, was wir in den ersten 24 Monaten gemeinsam erarbeitet haben, und wir sehen sie deutlich mehr miteinander spielen. Kinder mit drei Jahren haben nicht nur ein Gefühl für soziale Regeln, sie fordern auch vehement ein, dass diese eingehalten werden. Interessanterweise erwarten sie moralisches Verhalten von allen Menschen gleich, während sie zum Beispiel das Einhalten von in der Familie gelernten Spielregeln nur von Familienmitgliedern erwarten. Offenbar haben schon Dreijährige ein Gefühl dafür, dass es eine Moral gibt, der alle folgen sollten, dass aber Tischregeln, Spielregeln und Ähnliches von Familie zu Familie unterschiedlich sein können.[43]

Mit vier Jahren benutzen Kinder bereits logische Argumente im Streit, allerdings vor allem, um die eigene Position zu rechtfertigen, und weniger, um Kompromisse zu finden. Zudem argumentieren die Kinder deutlich weniger durchdacht, wenn sie aufgeregt oder verärgert sind.[44] Das ist kein Wunder, denn unter Stress ist unser Verstand weniger zugänglich, und wir reagieren im Affekt. In diesem Alter müssen wir den Kindern also gut zur Seite stehen. Sie können bereits logisch denken, verstehen Regeln und sind grundsätzlich auch in der Lage, Kompromisse zu finden, aber sie sehen noch vor allem den eigenen Vorteil, können sich noch nicht ganz in andere einfühlen und brauchen unsere Hilfe vor allem unter Stress, also wenn sie traurig, frustriert, müde oder verärgert sind.

In der Vor- und Grundschulzeit üben wir weiter Empathie, Konfliktlösungsstrategien (siehe das Kapitel »Wie Geschwister lernen, Konflikte zu lösen«) und soziale Regeln. Wir können die Kinder jetzt immer stärker in die Lösungsfindung einbeziehen, ihre Meinungen erfragen und sie mit ihren Konflikten auch immer mehr allein lassen mit dem Satz: »Ich bin mir sicher, dass ihr eine Lösung findet, falls nicht, kommt gern noch einmal zu mir.«

## Geschwister im Erwachsenenalter

Wenn man Erwachsene in Deutschland fragt, wie sie zu ihren Geschwistern stehen, sagen über die Hälfte, dass sie ihre Geschwister lieben und einander auch zu Festen und Feiertagen Geschenke machen. Im Alter wünscht sich fast niemand, er wäre ein Einzelkind gewesen – in der betreffenden Umfrage in Deutschland sagen das nur durchschnittlich 3 Prozent der Befragten (auch wenn wir nicht wissen, wie viele sich schlicht nicht trauen, es zuzugeben). Die meisten Geschwister sehen sich überwiegend zu Familienfesten (37 Prozent), aber immer noch fast ein Drittel trifft sich mindestens einmal pro Monat (26 Prozent). 17 Prozent geben an, ihre Geschwister täglich oder mindestens einmal pro Woche zu sehen. Aber auch jeder Fünfte sieht seine Geschwister »so gut wie nie«.[45]

Adele Faber und Elaine Mazlish erzählen in ihrem Buch rührende Geschichten von Geschwistern, die sich noch im Alter aussöhnen.[46] Auch Jirina Prekop schreibt darüber, wie sie im Rahmen ihrer therapeutischen Arbeit im hohen Alter plötzlich versteht, dass auch die erstgeborene, bevorzugte Schwester auf ihre Weise unter ihrer Rolle leidet, in der sie immer groß, vernünftig und klug sein musste: »Unabhängig davon, was aus uns geworden ist, ehre ich sie als meine erstgeborene Schwester, und ich nehme den zweiten Platz ein. Als ich ihr dies sagen konnte, atmete sie hörbar auf. Damals waren wir beide um die siebzig!«[47]

Die Aufgaben von Geschwistern ändern sich im Lauf des Lebens miteinander: Anfangs geht es um den Aufbau von Freundschaft und Kameradschaft. Während des frühen und mittleren Erwachsenenalters geht es um Hilfe in Krisensituationen, gegenseitige emotionale Unterstützung, das Sichkümmern um die alternden Eltern und später um die Auflösung des elterlichen Haushalts sowie die Erbfragen. Wenn Geschwister dann selbst älter werden, rückt die gegenseitige Unterstützung in den Vordergrund. Sie helfen einander, arbeiten alte Konflikte auf und geben einander Halt und Wärme.[48]

Die Voraussetzung ist, dass sie eine Basis haben, auf der sie miteinander in Kontakt bleiben können. Diese Basis legen wir in der Kindheit, während wir mit unseren Kindern sprechen, leben, streiten und kuscheln. Und wir können viel dafür tun, dass diese Basis möglichst stabil ist.

## Jedes Kind ist anders

Jedes unserer Kinder hat andere Bedürfnisse. Sie hängen von seinem Temperament, seinem Alter und seinen Erfahrungen ab. Nicht zuletzt macht es auch einen Unterschied, wie die Schwangerschaft dieses Kindes verlaufen ist und wie es zur Welt kam. Auch die Phasen der Geschwisterbeziehung hängen davon ab, wie unser Kind ist.

Wenn wir im Park eine Dreijährige sehen, die sich mit Hingabe um ihren sechs Monate alten kleinen Bruder kümmert, heißt das noch lange nicht, dass das bei unserer Dreijährigen auch so sein wird. Wenn wir einen Zweijährigen sehen, der ein Baby schlägt, gilt das Gleiche. Ja, sowohl Alter als auch Geburtsrang und Geschlecht geben bestimmte Richtungen vor, wie Kinder wahrscheinlich auf Geschwister reagieren. Aber vor allem zählen zwei Dinge:

- **Welches Temperament hat unser erstes Kind** – oder unser zweites, drittes und viertes –, wenn es um ein weiteres Geschwister geht? Wir wissen, dass Kinder mit schwierigen

Temperamenten sich vor allem am Anfang mit Geschwistern schwertun. Aber was ist ein schwieriges Temperament? Als schwierig gelten unter Wissenschaftlern Säuglinge, die sich nicht ablegen lassen, schlecht schlafen und intensiv auf Stimuli reagieren. Sie haben in der Regel Probleme mit Übergängen – also Anziehen, Ausziehen, Einschlafen, Aufwachen, Ortswechsel –, und sie mögen es oft gar nicht, bei jemand anders auf den Arm zu gehen. Sie akzeptieren häufig keine Form von Mutterattrappen, also Schnuller, Kuscheltiere oder Schnuffeltücher. Wir sollten vorsichtig sein mit Voraussagen. Oft hören wir als Eltern, wenn das Erste »schwierig« war, dann wird das Zweite »einfach«. Oder wenn das Erste einfach war, dann würde das Zweite wohl ein kleiner Wirbelwind werden. Nach meiner Erfahrung ist nichts davon wahr. Ich kenne Hunderte von Familien und habe schon alles gesehen: zwei einfache Kinder, zwei schwierige Kinder, erst ein schwieriges und dann ein einfaches Kind und umgekehrt. Wenn es noch mehr Geschwister werden, dann sehen wir zwar oft, dass die Sandwichkinder sich am schwersten tun – aber sicher voraussagen können wir das nicht. Insofern empfehle ich Eltern immer, davon auszugehen, dass ihr neues Baby auch ein Kind mit sehr starken Bedürfnissen sein könnte, und entsprechend für Unterstützung der Familie zu sorgen.

- **In welcher Phase ist das Kind gerade?** Es gibt gute Zeiten – und weniger gute. Wenn Kinder gerade stabil und entspannt sind, dann reagieren sie erfahrungsgemäß ganz anders auf ein Geschwisterkind, als wenn sie sich selbst in einer schwierigen Phase befinden. Denn dann brauchen sie von uns Eltern eigentlich viel Aufmerksamkeit, was durch die Geburt oder Anwesenheit eines weiteren Kindes deutlich erschwert wird. Viele dieser Phasen, besonders die Entwicklungssprünge, kann man nicht voraussehen. Einige aber schon! Das kann ein Umzug sein, die Eingewöhnung in den Kindergarten, eventuell der Tod eines Verwandten, eine Trennung oder eine schwierige Phase in der Paarbeziehung. Besonders in diesen Zeiten sollten wir darauf achten, dass alle genug Raum und Zeit bekommen, um die Bindung in der Familie stabil zu halten. So unromantisch es klingen mag: Wenn Sie können, planen Sie voraus. Und zwar mehrere Jahre. Wenn Sie absehen können, dass Sie umziehen, wenn klar ist, dass das Kind mit zweieinhalb in den Kindergarten gehen wird oder dass wir demnächst die bettlägerige Oma versorgen müssen, dann überlegen Sie gut, ob und wie die Familie ein weiteres Kind tragen und das große oder die größeren Kinder dabei gut auffangen kann, und bauen Sie vor. Die Geschwister werden es Ihnen ein Leben lang danken.

## Das sagt die Wissenschaft

**Sprache macht einen Unterschied.** Die amerikanischen Forscherinnen Judy Dunn und Carol Kendrick beobachteten vierzig Familien im ersten Jahr mit dem zweiten Kind. Sie stellten fest, dass es einen Unterschied macht, wie Mütter mit ihren Erstgeborenen über das Baby sprechen. Wenn sie es mit unpersönlichen Wörtern bezeichnen, zum Beispiel »das Baby« oder »dein Bruder«, machten sie es ihren großen Kindern schwerer, das Baby als eigenen Menschen wahrzunehmen. Mütter, die mit ihren Kindern über das Neugeborene als kleinen Menschen mit Bedürfnissen und klaren Absichten sprachen, machten es ihnen leichter: »Tom will mit dir spielen, schau mal … oh, jetzt dreht er den Kopf weg, er ist müde und will seine Ruhe haben …« Die Kinder dieser Mütter konnten später besser die Intentionen und Bedürfnisse des Babys in Worte fassen und sprachen auch öfter darüber. Das half ihnen sich in ihr Geschwister einzufühlen. Und dies wiederum, das wissen wir aus anderen Studien, ist ein wichtiger Schritt, um Konflikte zu lösen.[49]

**Das ist nicht fair!** Spätestens mit fünfzehn Monaten haben Kinder ein Gefühl für Fairness. Sie erwarten, dass Menschen ihre Belohnungen und Besitztümer gerecht teilen, und sie sind sogar willens, nicht allzu wichtige Dinge mit Fremden zu teilen. Aber Vorsicht: In den Studien geht es oft um Essen oder Spielzeug, bedeutende Bindungspersonen oder gar Muttermilch gehören nicht zu den »weniger wichtigen« Ressourcen! Doch auch in diesen Studien sieht man, dass Kinder unterschiedlich sind: Ein Drittel aller Kinder war sogar bereit, das interessanteste Spielzeug mit jemandem zu teilen, obwohl sie ihm stattdessen auch etwas nicht ganz so Interessantes hätten geben können. Das heißt aber im Umkehrschluss, dass zwei Drittel der Kinder dies nicht taten – und das ist auch völlig okay.[50]

**Entspannte Eltern – entspannte Kinder.** Gestresste Eltern zeigen häufiger »ungünstiges Erziehungsverhalten«: Sie sehen ein »schwieriges Kind«, wo einfach nur ein Bedürfnis ist, reagieren dann aber ungünstiger und erzeugen mit diesem Erziehungsverhalten genau das, was sie sehen: ein schwieriges Kind.[51]

**Freizeitstress.** In einer Umfragestudie gaben depressive Eltern von Kindern im Vorschulalter an, dass sie vor allem gestresst sind von ihren Erziehungsaufgaben, von Zeitdruck, Haushalt und – Obacht! – Freizeitaktivitäten.[52] Vor allem Letzteres sollten Eltern achtsam beobachten: Muss es zum Baby-Schwimmkurs noch der Musikkurs sein, oder machen wir die Kurse lieber später, wenn die Kinder größer sind?

**Meins!** Wenn es heißt, Kinder bei »Naturvölkern« hätten die vielen Streitereien nicht, sollten wir genau hinschauen. Klar ist: Je nach Kultur ist die Ich-Vorstellung unterschiedlich ausgeprägt. In Kulturen, die einen stärkeren Fokus auf Gemeinschaft und Eingliederung des Einzelnen legen wie den zentralafrikanischen Efe-Pygmäen, sprechen Eltern nur selten mit dem Säugling direkt, was ein anderes Selbstbild des Kindes hervorruft. »Speziell im industrialisierten Westen, also wettbewerbsorientierten Gesellschaften, scheint die Tatsache, dass Eltern sich früh und viel direkt mit dem Säugling beschäftigen, den Weg für ein individualistisches Selbst zu ebnen, das zum kulturellen Modell der Autonomie passt.«[53] Wenn Kinder frühzeitig lernen, dass »deins« und »meins« wichtige Kategorien sind, gibt es andere Kämpfe als in Kulturen, in denen Besitz keine Rolle spielt.

**Nachsicht hilft.** Eltern in Guatemala sind nach einer Studie deutlich nachsichtiger und nachgiebiger mit ihren Kleinkindern, erwarten zum Beispiel nicht, dass sie etwas teilen oder abgeben,[54] was den Stress weiter reduziert. Viele Völker, die überwiegend draußen leben, wie die Aka-Pygmäen oder die !Kung, schaffen eine Ja-Umgebung, in der das Kind sich frei bewegen kann, alles anfassen und ausprobieren darf und nicht andauernd »Nein« hört. Gleichzeitig setzen sie ruhig und bestimmt die wirklich wichtigen Regeln durch.[55]

**Altersabstand.** Die Wissenschaft hat eine klare Meinung dazu, wann Streit unter Geschwistern besonders schlimm wird: Geschwister streiten und kämpfen vor allem dann viel miteinander, wenn der Altersabstand zwischen zwei und drei Jahren liegt oder wenn sie das gleiche Geschlecht haben.[56] Weniger schlimm scheint der Schock zu sein, wenn der Altersabstand über drei Jahren liegt und am besten das Geschwisterkind vom anderen Geschlecht ist. Statistisch gesehen. Es gibt jedoch auch viele weiche Faktoren, die eine Geschwisterbindung beeinflussen. Fragt man Eltern, berichten sie über Geschwisterstreit ebenso häufig wie über Geschwisterliebe.

## Falsche Erwartungen

### Nur nicht verwöhnen!

Vorsicht mit der Idee, das große Kind nicht zu verwöhnen. Wer nichts hat, der wird nicht genügsam, sondern unglücklich. Es ist viel klüger, große Kinder mit so viel Liebe zu überschütten, dass sie diese gut teilen können. Verwöhnen bedeutet ja grundsätzlich, für jemanden etwas zu tun, was er auch selbst könnte. Aber ob er das selbst könnte, hängt stark vom eigenen inneren Zustand ab. Natürlich kann mein Mann sich nach einem langen Arbeitstag selbst noch einen Tee kochen. Aber es wird unserer Beziehung guttun, wenn ich das für ihn übernehme. Und er wird es nicht ab dann immer wieder verlangen, sondern sich revanchieren, wenn ich nächste Woche platt nach Hause komme. Bei Kindern ist das nicht anders. Die Angst, dass man immer tun muss, was man einmal angefangen hat, ist unbegründet.

### Wenn es am Anfang klappt, klappt es immer!

Das ist nicht der Fall. Einen Säugling süß zu finden fällt uns leicht, aber wenn der Säugling dann krabbeln kann und unser Zimmer durcheinanderbringt, ist er eben nicht mehr nur süß. Wir sollten also immer gewahr sein, warum es gerade schwierig ist und dass es sicher wieder einfacher wird. Spätestens, wenn sie aus dem Haus sind …

### Jetzt ist das Große vernünftig!

Nein, eher nicht. So manches große Kind wird eher Rückschritte gehen, wenn noch mal ein Baby ankommt. Regression ist wichtig; und je besser wir das ermöglichen und darauf eingehen, desto eher kann das Kind wieder »groß« sein.

### Die Großen sollen helfen!

Es gibt Kulturen, in denen es ganz klar auch die Aufgabe der Kinder ist, sich um Babys zu kümmern (siehe den Abschnitt »Ein Blick über den Tellerrand: Geschwister in anderen Kulturen«). Doch in einer Industriegesellschaft mit Werten wie Besitz, Individualität und Leistung ist dies oft anders. Insofern müssen wir genau überlegen, was und wie viel Hilfe wir von den großen Kindern erwarten können. Wir sollten es uns zur Regel machen, dass die Kinder nur helfen oder babysitten, wenn sie es auch möchten. Denn eigentlich wollen Kinder ihren Eltern ja gern zur Hand gehen. Sträubt sich ein Kind deutlich dagegen, sollten wir schauen, was der Grund dafür ist, aber niemals Druck ausüben oder dem Kind ein schlechtes Gewissen einreden.

# Wie Eltern die Rollenverteilung verstehen und Problemkinder vermeiden

## Der dritte Baustein

*»Was meine Mutter nicht ahnte,*
*war, dass ich meine Schwester absichtlich reizte,*
*damit sie mich schlug, wodurch ich sie*
*in Schwierigkeiten bringen konnte.*
*Meine Mutter hat das nie durchschaut.«*[57]

EINE KURSTEILNEHMERIN

### »Du kleiner Wüterich!« – Vorsicht, Kinder kooperieren immer!

Es passiert einfach so nebenbei: »Meine Große«, »Mein Wilder«, »Unser kleiner Professor«, »Unser Engelchen« ... Wir weisen Kindern mit dem, was wir sagen, und dem, was wir tun, Rollen zu, die ihnen unter Umständen ein Leben lang erhalten bleiben. Wenn es in Familien zwei Geschwister gibt, dann gibt es zwischen ihnen oft Gegensätze wie »die Wilde« versus »die Ruhige«, »der Ordentliche« versus »der Chaot«.

Natürlich hat jedes Kind seine Nische in der Familie – wenn das eine schwierig und aufbrausend ist, dann übernimmt ein anderes zum Beispiel die Rolle des ruhigeren Kindes. Dieses

Verhalten ist normal. Unsere Aufgabe als Eltern ist es, den Kindern aus einer einmal eingenommenen Rolle auch wieder herauszuhelfen. Das ist oft gar nicht so einfach, denn wir alle neigen zu Stereotypen und können gar nichts dafür – unser Gehirn bevorzugt Schubladen, in die es die komplexe Welt einsortieren kann. Leider machen wir dabei eine Menge Denkfehler: Erstgeborene werden von Eltern zum Beispiel oft als schwieriger eingeschätzt als die anderen Kinder; wie wir gesehen haben, sind sie es aber nicht, soweit man das in Studien abgrenzen kann.

Jede Zuschreibung, sei sie positiv oder negativ, birgt eine Gefahr. Das wären nämlich alles ganz niedliche Kosenamen, die niemand Eltern verwehren sollte, wenn es für die Kinder nicht lebenslang Konsequenzen haben könnte. Und die Rolle, die wir den Kindern zuweisen, beeinflusst nicht nur das Kind, sondern auch das Verhältnis der Geschwister untereinander. Für eine Familie mag es einfacher sein, einen aufbrausenden Jungen zu haben und daneben die Ruhe der großen, vernünftigen Schwester zu kultivieren. Aber für die Kinder kann der ursprünglich liebevolle Kosename zum Etikett werden, das sie verinnerlichen als »So bin ich«. Sie kommen teilweise bis ins Erwachsenenalter nicht aus ihren Rollen heraus, auch wenn sie sich danach sehnen und längst anders entwickelt haben.

Denn im Leben sind wir so viel mehr als verantwortungsbewusst oder nachlässig, ordentlich oder chaotisch! Wir sind mal klug und mal unvernünftig, wir sind mal vorausschauend und mal naiv, wir sind mal ruhig und mal extrem genervt! In der Grundschule sind wir vielleicht gewissenhaft, in der Pubertät wild und an der Uni wieder zielstrebig. Für ein reiches Leben brauchen Menschen die Freiheit, alle Facetten ihrer Persönlichkeit zu leben. Sie wollen mal der Anführer sein können und sich mal unterordnen, albern sein und ernsthaft, hilfsbereit und bedürftig, klug und ahnungslos. All das darf sein. Und all das sollen unsere Kinder sein dürfen.

Für Kinder ist es gesünder, negative Gefühle zeigen zu können, damit sie lernen, mit ihnen umzugehen. Was wir unterdrücken, können wir nicht beherrschen lernen. Freuen Sie sich also, wenn auch Ihr Sonnenschein mal über das Essen meckert! Begleiten Sie Ihr Kind, benennen Sie die Gefühle, und gehen Sie mit ihm durch den Prozess hindurch: »Du bist sauer, ich sehe das. Worüber hast du dich geärgert? Willst du es mir erzählen?« Bitte widerstehen Sie der Versuchung, ein Kind in eine alte, vermeintlich so einfache Rolle zurückzudrängen mit Worten wie: »Du warst doch immer so eine Brave, bitte sei lieb!« Ihr Kind darf erfahren, dass es negative Gefühle hat, sie zeigen und lernen kann, mit ihnen umzugehen.

Wenn wir als Eltern der Versuchung erliegen, Kindern Etiketten aufzukleben, dann werden sie kooperieren. Kinder kooperieren immer. Sie werden aufbrausend, wild oder ruhig sein, weil wir es – bewusst oder unbewusst – von ihnen erwarten. Es gibt mittlerweile viele Studien, die zeigen, wie Lehrer die Leistungen ihrer Schüler durch die eigenen Vorurteile oder Erwartungen beeinflussen.[58] Bei Eltern und Kindern ist dieser Effekt noch stärker.

Zu den Facetten der Persönlichkeit gehören auch Gefühle und wie die Kinder mit ihnen umgehen: »Du fühlst Wut, aber du bist nicht die Wut«, ist eine Information, die Kinder brauchen, um zwischen ihrem permanenten Selbst und dem vorübergehenden Gefühl zu unterscheiden. Das Gegenteil davon wäre übrigens die genervte Frage »Warum bist du immer so ein Wüterich?« – weil diese Frage suggeriert, dass das Kind *immer* wütend oder sogar wirklich ein »Wüterich« sei. Das Gefühl wird damit als seine Rolle, als ein stabiles Merkmal seiner Persönlichkeit bewertet – das ist schlicht nicht korrekt und hilft auch niemandem weiter. Besonders schlimm wird es, wenn Eltern die Kinder erst bewerten: »Du Wüterich!« Und dann vergleichen: »Sei doch mal so ruhig wie deine Schwester!« Auf die Dauer ist das ein recht sicherer Weg, damit die Kleinen sich zu Problemkindern entwickeln und die Geschwisterbeziehung zeitlebens belastet wird.

Wir passen also auf und sagen nicht: »Du bist unsere Ordentliche/Kluge/Langsame/Hilfsbereite«, sondern wir sagen, was wirklich ist: Das Kind ist *jetzt gerade* ordentlich oder hat *dies* klug gemacht, ist *heute* langsam, war *gerade* wirklich eine große Hilfe. Und morgen kann das wieder anders sein. Und dann sagen wir das: »Hey, heute hätte ich mir mehr Hilfe gewünscht, heute hast du dich wohl verkalkuliert. Macht nichts, das kann schon mal passieren.« So lernen Kinder, dass jeder Mensch verschiedene Facetten oder schlicht gute und schlechte Tage hat. Und dazu gehört auch, dass nicht jeder alles können muss. Auch wenn er oder sie viele Talente haben kann.

## Talente richtig fördern

Manche Kinder sind einfach musisch veranlagt. Oder tun sich extrem leicht mit Mathe. Oder bauen toll Lego. Wie schön! Wir haben einen kleinen Mozart in der Familie! Hier sollten Eltern gut aufpassen:

- Wir dürfen nicht dem begabten Kind den Stempel »Klavierbegabung« aufdrücken, der ihm suggeriert, dass ihm alles am Klavier so leicht fallen muss wie die ersten zehn Stücke aus dem Lehrbuch. Wir wissen, dass Kinder unter diesem Druck an Leistung und den Mut verlieren, sich durchzubeißen, wenn es mal schwieriger wird.

- Wir dürfen nicht den anderen Kindern suggerieren, dass es nun mal schon eine Klavierbegabung in der Familie gibt, sie deshalb also besser Trompete lernen oder gleich zum Fußball gehen sollen, weil sie ohnehin nie so gut werden wie ihr Bruder oder ihre Schwester

TIPP

**Freude am Tun ist wichtiger als eine besondere Begabung**

Adele Faber und Elaine Mazlish schreiben: »Wir müssen all unseren Kindern klarmachen, dass die Freuden des Lernens, Tanzens, Theaterspielens, der Literatur, des Sports für alle da sind und nicht reserviert sind für diejenigen, die eine besondere Begabung aufweisen.«[59] Das heißt in der Praxis: Ich darf auch singen, malen oder zum Karate gehen, wenn ich nicht so begabt bin wie jemand anders, es aber einfach gern mache! Denn auch wenn ich nicht mit einem herausragenden Talent dafür gesegnet bin, kann ich Freude am Klavierspiel haben. Das gilt übrigens ebenso für Erwachsene.

Nach den Forschungen der amerikanischen Psychologin Carol S. Dweck setzt es Kinder eher unter Druck, wenn sie etwas können und dann als »talentiert« gelobt werden.[60] Es scheint für sie sehr belastend zu sein, von jetzt an immer talentiert sein zu müssen, und sie schrecken folglich vor Herausforderungen eher zurück. Für sie ist es hilfreicher, wenn der Prozess beschrieben und ihr Bemühen gelobt wird: »Du hast das wirklich mit viel Ausdauer geübt.« Oder: »Du hast lange an diesem Bild gemalt, jetzt kann ich es richtig gut erkennen.« Das hilft den Kindern viel mehr als der Ausruf »Du spielst so genial Klavier!«, weil das Kind so nicht lernt, was zu diesem guten Klavierspiel geführt hat, und nicht weiß, wie es mit einem Misserfolg umgehen soll. Wenn wir ihm aber erklären, dass es am Üben liegt oder an seiner Beharrlichkeit, hat es einen Weg, auch Misserfolge zu meistern.

Insofern helfen wir mit dem Stempel »Talent« niemandem, und gleichzeitig sollten wir auch Kinder unterstützen, die sich am Klavier deutlich schwerer tun als ihre Geschwister. Sie brauchen die Information, dass es nicht darauf ankommt, genauso toll zu sein wie jemand anders. Es zählt vielmehr, ob sie Freude haben und ob sie persönlich für sich Fortschritte machen.

TIPP

**Richtig loben**

Loben Sie immer den Prozess, die Anstrengung, das Bemühen statt das Talent oder die Intelligenz der Kinder. Wenn Kinder hören, dass sie »begabt« oder »pfiffig!« sind, geben sie bei Schwierigkeiten schneller auf – ihre Motivation sinkt. Sagen Sie den Kindern lieber, dass sie offenbar viel geübt, lange probiert, scharf nachgedacht, gut geknobelt haben, damit sie lernen, worauf es ankommt. So kann ich auch das Geschwister glücklich machen, das sich mit seinem Instrument, in der Schule oder auf anderen Feldern nicht so leicht tut: »Du bist so viel weiter gekommen als vorige Woche!«, »Du hast es wirklich mit viel Energie versucht« … Wenn etwas schiefgeht, können wir so besser klarmachen, worum es geht: »Wir haben das vielleicht nicht genug geübt, nächstes Mal fangen wir früher mit dem Üben an.«

## Das Problem mit den Vergleichen

Vergleiche züchten Geschwisterrivalität – Konkurrenz, gespickt mit Neid und Eifersucht bis hin zu Missgunst und Hass in späteren Jahren. Forscher beobachten sie vor allem zwischen dem ersten und zweiten Kind, gleichgeschlechtlichen Kindern oder Zwillingen. Allerdings spielen die Dynamiken in der Familie hier eine wichtige Rolle.

Mittlerweile eine Binsenweisheit, dennoch sei es hier erwähnt: Vergleichen Sie die Kinder niemals mit Bewertungen wie »besser als« und so weiter. Es passiert so schnell, auch wenn es gut gemeint ist, es steckt zum Beispiel in solchen Sätzen:

- »Du isst dein Brot ja viel schneller als dein Bruder.«
- »Schau, deine Schwester isst ihren Salat, warum du nicht?«
- »Oh, er hat seine Schuhe ja schon angezogen; guck mal, Irina, wie schnell dein Bruder ist!«

Auch wenn man ein Kind lobt: »Das hast du aber toll gemacht!« und dem anderen anwesenden Geschwister nichts sagt, hat das keine guten Folgen. Das andere Kind versteht sofort: »Ich habe es nicht toll gemacht, ich bin zu langsam, zu wählerisch, irgendetwas an mir ist nicht richtig.« Manche Kinder geben ihre Bemühungen dann auf, andere entwickeln Aggressionen gegenüber ihren Geschwistern. Es hilft alles nichts: Selbst wenn keines der Kinder bevorzugt wird, erzeugt ständige Bewertung eine Rivalität, die sich auch in der Beziehung der Geschwister widerspiegelt, teilweise ein Leben lang.

**TIPP Geschwisterrivalität fällt nicht vom Himmel**

Absoluter Garant für Geschwisterrivalität sind Vergleiche: »Dein Bruder malt aber wirklich schon besser als du!« – »Schau mal, wie mutig deine Schwester da raufklettert!«

Wir können Vergleiche recht einfach vermeiden, indem wir jede Bewertung und jede derartige Gegenüberstellung aus unserem Leben verbannen. Es kommt nicht darauf an, ob wir schön sind, hoch schaukeln, schon Schuhe anziehen können. Es kommt darauf an, ob wir gesehen werden und sehen. Wenn meine Kinder rufen: »Mama, guck mal!«, antworte ich grundsätzlich: »Oh, du schaukelst ja schon ganz hoch!«, »Du hast deine Schuhe ganz allein angezogen! Ich freue mich!«, »Dir schmeckt heute der Salat, wie schön!« – so begründen wir eine Kultur in der Familie, in der jeder gesehen und wahrgenommen, aber nicht ständig bewertet wird.

## »Puppen für alle!« – Jungen und Mädchen

Sind Jungen anders zu ihren Geschwistern als Mädchen? Warum spielen viele Jungen gern mit Autos und Mädchen eher mit Puppen? Passen Mädchen lieber auf Babys auf als Jungen, weil es biologisch so angelegt ist oder weil wir es ihnen beibringen? Sind große Schwestern einfacher im Umgang mit Geschwistern, weil sie sofort auch in eine Art Mutterrolle gehen?

Es gibt immer mal wieder Hinweise darauf, dass bestimmte Vorlieben bei Mädchen und Jungen angeboren sein könnten.

Forscher stellten zum Beispiel in einer vierzehn Jahre dauernden Beobachtung fest, dass junge weibliche Schimpansen aus dem Kibale-Nationalpark in Uganda mit Stöcken ähnlich spielen wie menschliche Mädchen, die sich mit Puppen beschäftigen. Sie tragen sie mit sich herum und nehmen sie mit in ihr Nest – und hören damit auf, sobald sie eigenen Nachwuchs haben. Männliche junge Schimpansen dieser Untersuchung zeigten solches Verhalten nicht, sie nutzten Stöcke als Werkzeuge oder Waffen. Aus vielen Kulturen ist bekannt, dass Jungen sich eher für Autos oder Spielzeugwaffen interessieren, während Mädchen häufiger gern mit Puppen spielen. Eine frühere Studie am Yerkes National Primate Research Center in Atlanta hat gezeigt, dass auch kleine Rhesusaffen ähnliche Vorlieben wie die Schimpansen in Uganda zeigen: Wenn sie zwischen einem Stofftier und einem Spielzeugauto wählen dürfen, dann wollen junge Männchen fast ausschließlich das Auto, die Mädchen zeigten eine etwas größere Neigung für die Plüschtiere.[61]

Aber es bleibt so: Wir wissen es nicht. Vielleicht gibt es eine Neigung, die angeboren ist. Vielleicht nicht. Wir wissen jedoch mit großer Sicherheit, dass Eltern die Geschlechterrollen mit ihrem Verhalten festlegen können – und es oft tun, wenn auch unbewusst. Schauen wir uns dazu mal ein paar Studien an.

Studien zeigen, dass Mütter mit Mädchen häufiger über Gefühle sprechen als mit Jungen und dass das deutliche Effekte hat. Kennen Sie das? »Wenn ich meinen Mann frage, wie er sich fühlt, kann er nichts dazu sagen.« Das könnte in der Kindheit beginnen. Eltern sprechen nämlich unterschiedlich mit ihren Kindern – je nach Geschlecht. Die britischen Psychologinnen Ana Aznar und Harriet Tenenbaum beobachteten 65 Vierjährige mit ihren Eltern dabei, wie sie ein Spiel spielten und sich über eine gemeinsame Erfahrung unterhielten. Dabei nannten Mütter gegenüber ihren Töchtern mehr gefühlsbezogene Wörter als die Mütter von Jungen, und auch die Väter sprachen mit ihren Töchtern mehr darüber, wie sich jemand fühlt, als mit ihren Jungen.[62] Aber Kinder müssen lernen, wie man Gefühle benennt und wie das heißt, was sie empfinden, damit sie später äußern können, wie sie sich fühlen, und in Worte zu fassen vermögen, was sie bei anderen an Gefühlen sehen.

Dass es langfristige Folgen hat, wie viel Eltern mit Jungen über Gefühle sprechen, stellten Judy Dunn und Jane Brown von der Universität von Pennsylvania 1991 fest. Die Forscherinnen protokollierten bei 41 Kindern im Alter von 36 Monaten, wie oft ihre Mütter mit ihnen über Gefühle sprachen. Sie stellten fest, dass bestimmte Kinder mit sechs Jahren besser bei anderen Menschen Gefühle erkennen und benennen konnten. Als sie die Daten mit den Dreijährigen verglichen, bemerkten sie: Es waren eben die Kinder, deren Mütter differenzierter, häufiger und ausgiebiger schon mit ihren Kleinkindern über Gefühle gesprochen hatten.[63]

Jeder kennt das: Eltern fragen ihren Jungen, was los ist, und er schweigt. Eltern wundern sich, dass ihr Junge seine Geschwister deutlich häufiger schlägt, als Mädchen das tun. Dann heißt es oft: Jungs seien nun mal aggressiver, so seien sie nun mal. Aber es kann noch eine andere Erklärung geben: Eltern verbringen schlicht weniger Zeit damit, Jungen soziale Interaktionen und Empathie beizubringen. Sie sagen häufiger zu ihren Mädchen: »Schau mal, wie fühlt sich dieser Mensch wohl?« Und stattdessen bekommen Jungen in unserer Welt oft mehr Ärger, denn sie leben in einer Welt aus Frauen mit Fraustandards – Erzieherinnen, Grundschullehrerinnen, Babysitterinnen. Eine Studie unter fast 300 Kindern im Grundschulalter stellte zudem fest, dass Eltern bei Geschwisterstreit eher das ältere Kind bestrafen und Jungen mehr Strafen bekommen, wenn sie mit ihren Schwestern streiten.[64]

Dass das unterschiedliche Verhalten von kleinen Jungs nicht am Testosteron liegt, dürfte auf jeden Fall als gesichert gelten. Auch wenn man es im Internet bei jeder Google-Recherche dutzendfach finden kann, stimmt es nicht: Kleine Jungen vor der Pubertät sind nicht wilder als Mädchen, weil sie andere Hormone im Körper haben. Mein sehr geschätzter Kollege Christoph Drösser schreibt in seiner Kolumne »Stimmt's?« in der *Zeit:* »Bis zum zehnten Geburtstag haben Jungen und Mädchen gleich viel von dem männlichen Geschlechtshormon im Blut, nämlich praktisch nichts. Dann steigt der Spiegel bei den Jungen stark an, die Pubertät beginnt – mit den bekannten Begleiterscheinungen.«[65] Ja, die Konzentration des Testosterons steigt unstrittig bei unseren kleinen Jungen im ersten Jahr nach der Geburt stärker als bei Mädchen (eine nachholende Entwicklung aus dem Mutterleib und Teil der physiologischen Frühgeburt des Homo sapiens), aber danach ist sie nach Angaben der Fachliteratur konstant – und zwar bis zur Pubertät. Das muss auch so sein – sonst würden unseren Vierjährigen ja Achselhaare sprießen, mutmaßt Drösser. Forscher gehen sogar davon aus, dass sich Mutter Natur dabei etwas gedacht hat, denn »die aktive Hormonhemmung in der Kindheit *ermöglicht* Kindheit«.[66] Klar – nie wieder sind wir so unbefangen und lernoffen wie in der Zeit, bevor die Hormone loslegen. Wir merken das spätestens dann, wenn unsere Kinder Teenager sind und die Schule plötzlich viel uninteressanter ist als der Nachbarsjunge.

Aber nehmen wir mal an, die Forscher irren sich und der Testosteronspiegel im Kleinkindalter wäre doch hoch. Selbst dann würde es möglicherweise nichts an ihrem Verhalten ändern. Denn ob Testosteron wirklich aggressiv macht, ist längst nicht geklärt. Es gibt zwar Studien, die zeigen, dass Hamster sich unter Testosteron aggressiver gegenüber Artgenossen verhalten. Aber ob das Hormon auch Menschen aggressiv macht, dazu ist die Studienlage widersprüchlich. Der Effekt könnte auch auf Einbildung beruhen: »Testosteron ist es wohl nicht, das Männer zu wilden Tieren macht. So zeigte eine Doppelblindstudie [also eine Studie, in der weder die Teilnehmer noch die Ärzte wissen, welches Präparat der Teilnehmer bekommt], dass Männer, die zehn Wochen lang eine hohe Dosis des angeblichen Schlägerhormons einnahmen, kein Stück ausfallender wurden. Sie blieben so friedlich oder genervt, wie sie schon immer waren.«[67]

## Wie wir Kindern helfen, ihre Rollen zu verlassen

»Ja, die Jungs sind so verschieden, der Große ängstlich, der Kleine ein Draufgänger, seit Geburt an war das so!« – Wie gesagt: Das menschliche Gehirn bevorzugt Schubladen. Es hilft uns, die Welt zu verstehen, wenn wir die Dinge einsortieren können. In Hinblick auf unsere Kinder und Geschwister ist das aber eine unpraktische Eigenschaft. Denn mit einem solchen Satz legen wir die Kinder fest, wir schaden ihnen und ihrer Beziehung als Geschwister. Wenn Sie mit anderen über Ihre Kinder sprechen, dann erzählen Sie lieber, wie jedes Kind für sich ist. Vergleichen Sie nicht. Überlisten Sie Ihr Gehirn, und schauen Sie, welche Entwicklungen jedes Kind durchmacht. Vielleicht war eines als Baby sehr leicht irritierbar, ist aber mittlerweile viel belastbarer geworden. Möglicherweise war eines als Kleinkind sehr unkompliziert, kommt aber jetzt in eine Phase, in der es leicht verletzt und beleidigt ist.

Auch wenn ein Kind sich zum Beispiel über längere Zeit aggressiver verhalten hat, ist es umso wichtiger, dass wir es nicht generell als »streitsüchtig« abstempeln. Wir können nämlich oft auch gar nicht sagen, ob es wirklich immer der Angreifer ist oder ob es von seinem Geschwister so gereizt wird, dass es regelmäßig die Fassung verliert. Geschwister können da sehr gewitzt sein! Umso wichtiger ist es, dass wir den Kindern keine festen Rollen zuschreiben – denn am Ende wissen wir es gar nicht. Und wir müssen es auch nicht wissen. Was wir hingegen tun können, ist Folgendes:

- Wir können dem Kind signalisieren, wie wir davon ausgehen, dass es sich gut entwickeln wird.
- Wir können jedem Kind das Gefühl geben, dass es ein im Kern absolut wunderbarer und guter Mensch ist, der sich auf seinem Weg befindet – wie wir Erwachsenen ja übrigens auch.
- Wir sollten das Kind nicht so behandeln, wie es sich gerade gebärdet (zum Beispiel als aggressiv, aufbrausend, ungeduldig, störrisch), sondern als wäre es bereits so, wie es aus unserer Sicht sein sollte, was also unser Erziehungsziel ist (zum Beispiel ein ruhiges, ausgeglichenes, hilfsbereites, freundliches Kind).
- Wir können deutlich machen, dass jeder mal etwas Unvernünftiges macht – manchmal sogar grausam oder gemein ist –, dass dies aber nicht heißt, man sei unvernünftig beziehungsweise grausam oder werde das als Erwachsener sein.
- Wir können den Kindern klarmachen, was wir erwarten (sprechen statt schlagen), und sie zur Verantwortung ziehen, wenn sie sich anders verhalten. (»Ich erwarte, dass du dich anders verhältst. Versuch es bitte noch mal.«)
- Wir können den Kindern immer wieder sagen und zeigen, dass unsere Liebe bedingungslos ist und wir davon ausgehen, dass sie die Fähigkeit haben, nett, kooperativ, ruhig und empathisch zu sein – und es »schon noch wird«, wenn es gerade noch nicht so ist.

- Wir sollten auf keinen Fall vor den Kindern über die Kinder sprechen (egal, wie klein sie sind!) – wenn Sie es sich gar nicht verkneifen können, dann sprechen Sie ausschließlich positiv über sie.
- Wir sollten Rollen, die die Kinder von selbst übernehmen, immer klarstellen. Wenn ein Kind sagt: »Ich bin eben tollpatschig!«, dann braucht es die Information: »Ja, jetzt gerade war es so, aber ich weiß, dass du auch ganz achtsam sein kannst.«
- Wir können zwischen Geschwistern vermitteln, indem wir immer wieder betonen: »Oh, dein Bruder hat dich gehauen, das tut sicher weh. Er muss noch lernen, sich anders einzubringen.« Oder: »Deine Schwester hört nicht auf, dich zu kitzeln. Sag ihr, dass wir in dieser Familie respektieren, wenn jemand nicht angefasst werden will. Deine Schwester ist klug. Sag es ihr ganz klar, das versteht sie!«
- Wir können unserem Kind immer wieder sagen: »Schau, voriges Mal hast du dich so doll geärgert, heute ist deine Wut viel schneller verraucht! Ich freue mich!«
- Wir können die Kinder einfach bei ihren Namen nennen – statt »Baby«, »Großer«, »Engelchen« oder gar »Terrorzwerg«.

TIPP

**Die Krönungsformel**

Wenn wir das Gefühl haben – und nur das zählt, Forschung hin oder her –, dass unser Erstgeborenes ein Entthronungserlebnis hat und in die Rolle des schwierigen Kindes rutscht, dann braucht es vielleicht die Versicherung, dass es uns wirklich wichtig ist. Wir können es mit einer Idee versuchen, die ich bei Jirina Prekop gefunden habe. Sie schlägt vor, das Kind immer wieder zu krönen: »Du bist der Erste, der zu uns gekommen ist. Dein Bruder ist der Zweite. Du bist die Ältere, deine Schwester ist die Jüngere. So ist es, und so bleibt es. Für immer.«[68] Diese »Krönungsformel« hilft dem Erstgeborenen zu verstehen, dass es weiterhin gesehen wird. So findet es seinen Platz – der/die Erste –, statt in eine Rolle – der/die Große – gedrängt zu werden.

## Jedes Kind ist anders

Auch bei der Rollenverteilung gilt: Jedes Kind ist anders. Es gibt ganz sensible Seelen, die sich jede Zuschreibung sofort zu Herzen nehmen. Andere sind robuster. Wir tun stets gut daran, aufmerksam auf die Kinder zu achten. Besonders die stillen, unkomplizierten Kinder tragen oft schwer, und man sieht es nicht. Irina Prekop schreibt: »Befasst man sich intensiver mit der Geschwisterproblematik, fällt auf, wie wenig Eltern darüber wissen ... Weinen, Verweigerung, Rückzug, Wutausbrüche und ehrgeizige Demonstrationen ihrer Leistungen drücken dann ihren Schmerz aus. Bei der Deutung dieser nonverbalen Botschaften liegt der Erwachsene oft daneben.«[69]

Wir sollten also den Grundsatz der Kloetersbriefe beachten, der da heißt: »Achte auf den Gesichtsausdruck deines Kindes.«[70] Auch ein stilles, braves, sogar ein sehr leistungsstarkes Kind kann ein leidendes Kind sein. Viele Kinder drücken ihren Schmerz durch Wut und Verweigerung aus, aber andere Kinder flüchten auch in die Rolle des immer netten, freundlichen, funktionierenden Kindes. Als achtsame Eltern nehmen wir uns hin und wieder die Zeit und schauen unser Kind an und fragen uns: Wie geht es dir? Bist du glücklich? Wie bist du, wenn du zornig bist? Hast du Raum für deine Wut? Hast du Raum für deine Traurigkeit? Und was bringt dich zum Lachen?

Achten Sie auch einmal darauf: Sobald sich eine vorher schwierige, angespannte oder gar aufgeheizte Situation in einer Familie entspannt, werden oft die bisher ruhigen Kinder aufbrausender, zickiger, schwieriger. Betrachten Sie es als Gewinn – es heißt nämlich, dass jetzt Platz für Gefühle ist, die das Kind um des lieben Friedens willen vorher unterdrückt und weggeschoben hat.

Manchmal sehen Außenstehende sogar noch besser, wie es unseren Kindern geht – hören Sie also genau hin, und gehen Sie Warnsignalen vorsichtig auf den Grund.

## Das sagt die Wissenschaft

**Mehr Ärger für Jungs.** Studien zeigen, dass Eltern, die in einen Konflikt eingreifen, dazu tendieren, das schwächere Kind zu schützen, und damit Aggressionen befeuern. Eine Studie unter fast 300 Kindern im Grundschulalter stellte fest, dass Eltern eher das ältere Kind bestrafen und Jungen mehr Strafen bekommen, wenn sie mit ihren Schwestern streiten.[71]

**Kinder kooperieren.** Es gibt einen sozialen Ansatz, der soziale Reaktionsansatz, der davon ausgeht, dass sozial abweichendes Verhalten (Hauen von Geschwistern zum Beispiel) auch dadurch entsteht, dass wir bestimmten Menschen Rollen zuschreiben und sie sich – weil sie sozial kooperieren – entsprechend diesen Rollen verhalten. Damit ist die Abweichung sozial *zugeschrieben* und nicht unbedingt objektiv vorhanden, soll heißen: Wir Eltern können einen schwierigen Menschen »erschaffen«, indem wir es von ihm unbewusst erwarten oder bei jeder kleinen Abweichung feststellen, dass dieses Kind »von Anfang an schwierig« war.[72]

**Selbstbild durch Sprache.** Es ist wichtig, wie wir mit unseren Kleinkindern sprechen – wie Kinder zwischen einem und drei Jahren angesprochen wurden, sagte in einer Studie voraus, wie ihr Selbstbild mit sieben bis acht Jahren war.[73] Wurden die Kinder zum Beispiel dafür gelobt, dass sie sich bei einer Sache sehr anstrengten, waren sie auch später eher bereit, sich durch eine Herausforderung »durchzubeißen«, als wenn sie immer nur »Tolles Kind!« gehört hatten.

**Erwartungen trügen.** Eltern mit nur einem Kind haben oft falsche Vorstellungen, wie lange es dauert, bis ein Kind spricht oder nachts durchschläft – sie gehen davon aus, dass es schneller geht, als es tatsächlich der Fall ist. Eltern mit zwei Kindern überschätzen häufig, was ein Erstgeborenes im Gegensatz zum kleinen Geschwisterchen leisten kann.[74] In einer Studie auf den Philippinen erwarteten Eltern mit einer höheren Ausbildung Entwicklungsschritte früher als weniger gut ausgebildete Eltern.[75]

**Alles wird gut.** Wenn ein Kind sich schon vor der Geburt eines Geschwisterchens eher streitbar verhält und in den ersten vier Monaten aggressiver ist, dann heißt das nicht, dass die Geschwisterbeziehung feindlich sein muss. Es kommt offenbar vor allem darauf an, ob das große Kind eine »Theory of Mind« entwickeln kann, also lernt, sich in andere einzufühlen, mitzufühlen und für andere mitzudenken. Kinder, die aggressiver wirken, können sich oft weniger gut in andere einfühlen und mitdenken und zeigen daher in Stresssituationen sozial weniger angepasstes, meist angriffslustiges Verhalten. Wird an diesem Problem nicht gearbeitet, dann setzt sich das in einer feindseligen Geschwisterbeziehung fort. Kinder müssen von uns lernen, soziale Situationen einzuschätzen und ihr Verhalten entsprechend anzupassen. Dazu müssen wir Eltern ihnen beibringen, die Perspektive von anderen Verhandlungspartnern einzunehmen.[76] Kinder mit schlechter Selbstregulation haben es deutlich schwerer, weil sie so aufgeregt sind, dass sie den anderen gar nicht wahrnehmen können. Sie brauchen unsere Hilfe, um in Stresssituationen erst mal zur Ruhe zu kommen.[77]

## Falsche Erwartungen

### Kinder haben nun mal Talente!

Ja, haben sie, aber es ist unsere Entscheidung als Eltern, ob wir sie damit auf eine Rolle festlegen – »die Musische«, »der Professor« – oder nicht. Für die Kinder und ihre Entwicklung ist es viel gesünder, wenn wir ihnen beibringen, dass jede Fähigkeit wie ein Muskel ist, den sie trainieren können. Und das können sie auch dann, wenn es ihnen nicht sofort so leicht von der Hand geht wie anderen in der Familie.

### Kinder suchen sich ihre Rollen selbst!

Ja, Kinder suchen sich ihre Rollen. Aber selten freiwillig. Sie bringen etwas in die Welt mit, und plötzlich wird eine ihrer Eigenschaften wie »aufbrausend« zu einer Persönlichkeit, zum Beispiel der »kleine Wüterich«. Oder sie haben bereits Geschwister, die bestimmte Rollen in der Familie besetzen, und können daher nicht die zweite Ordentliche sein und werden dann eben »die Unordentliche«. Es ist unsere Aufgabe als Eltern, die Kinder immer wieder auch aus ihren Rollen herauszuholen und zum Beispiel »die Unordentliche« zu fragen, wie sie die Gewürze in der Küche arrangieren würde.

## Jungen und Mädchen sind sowieso gleich

Auch das stimmt nicht. Jungen und Mädchen haben oft unterschiedliche Vorlieben. Ob das angeboren oder durch ein unsichtbares kulturelles Feld oder schlicht den Alltag in unserem Land bestimmt ist – wir wissen es nicht, und es spielt am Ende auch keine Rolle. Die Kinder bringen etwas mit und wir müssen damit arbeiten. Es ist ebenso wenig sinnvoll, einem Jungen ausschließlich Puppen anzubieten, wie wir einem Mädchen verbieten, mit Autos zu spielen. Es geht immer um den Menschen, der vor uns ist. Wenn ein Kind unbedingt mit Spielzeugautos und -waffen spielen will, dann soll es das tun – sonst schämt sich das Kind für dieses Bedürfnis, und Scham ist für das kindliche Gehirn sehr schädlich.

## Wir können jedes Kind ganz gleich behandeln!

Nein, können wir nicht. Aber wir können darauf achten, nicht die bereits üblichen, bekannten Fehler zu machen, mit Jungs zum Beispiel weniger über Gefühle zu sprechen, wenn sie klein sind. Wir müssen Kinder nicht gleich behandeln, aber wir müssen jedem Kind das Wissen mitgeben, dass alle Menschen Talente, Fähigkeiten und Eigenschaften haben, die sich im Laufe eines Lebens aber noch stark verändern können.

# Wie Geschwister lernen, Konflikte zu lösen

## Der vierte Baustein

*»Wenn wir konsequent immer die Beziehung über alles andere stellen, was wir glauben tun zu müssen, dann werden auch die Kinder immer sanfter miteinander umgehen.«*[78]

LAURA MARKHAM

### »Ein Streit alle zehn Minuten?« – Wie viel Streit normal ist

Haben Sie sich das auch schon mal gefragt: »Warum in aller Welt streiten die Kinder *überhaupt?*« Muss man denn immer Türme umwerfen, den anderen Stuhl besetzen, an der Puppe ziehen? Muss das sein? Sind wir nicht eine in Gruppen lebende Art? Wozu dann das Gezanke?

Die Antwort ist einfach und klar: Kinder tun nichts, um uns zu ärgern. Sie tun es auch nicht, weil sie zu dumm sind, um Kinder zu sein. Sie tun es, weil ihr Gehirn halt noch nicht fertig ist, sondern erst noch wachsen, reifen und trainieren muss. Ganz einfach!

Gleichzeitig habe ich volles Verständnis für alle Eltern, denen der ewige Streit auf die Nerven geht – mich eingeschlossen. Wenn Studien abfragen, wie viel Geschwisterstreit »normal« ist, also in westlichen Gesellschaften an der Tagesordnung, stellen wir nämlich fest: viel …!

Forscher zählen bis zu sechs Auseinandersetzungen pro Stunde, das ist ein Streit etwa alle zehn Minuten.[79] Dr. Laura Markham schreibt, dass ihre Eltern von sieben Auseinandersetzungen pro Stunde berichten.[80] Auch der Autor des Buches *The Sibling Effect* Jeffrey Kluger nennt eine Zahl von 6,3 Auseinandersetzungen pro Stunde, also häufiger als alle zehn Minuten![81] Kluger – aufgewachsen mit seinen drei Brüdern – fasst es in seinem Vortrag 2011 bei TEDxAsheville so zusammen: Was die Geschwister da jede Stunde leisten, sei »kein Streit, sondern Performance-Kunst«.[82]

**Auch beim Streit: einen Schritt voraus sein**

Zählen Sie mal, wie oft sich Ihre Kinder in einer Stunde streiten, und achten Sie darauf, zu welcher Tageszeit es besonders wild zugeht. Die meisten Kinder streiten abends oder morgens besonders viel. Überlegen Sie, wie man diese Momente am Tag entzerren könnte, wie Zeitdruck, Hunger oder Müdigkeit abgefangen werden können, bevor die Kinder sich in den Haaren liegen. Seien Sie ihnen einen Schritt voraus.

Die meisten Streite entstehen laut Studienlage aus dem Kampf um Besitztümer.[83] Es geht dabei darum, dass jemand mit etwas spielt, das mir gehört, dass er es mitnimmt, anfasst – oder ansieht. Das hat möglicherweise damit zu tun, dass kleine Kinder nicht unterscheiden zwischen sich und Dingen, die sie als ihre betrachten. Außerdem leben wir Erwachsenen ständig vor, dass die Idee von »Besitz« in unserem Leben eine große Rolle spielt – das lernen sie schnell.

Streitereien entstehen bei kleinen Kindern auch dadurch, dass ihre Empathiefähigkeit noch nicht voll ausgebildet ist. Für unsere Erwartungen an sie ist es wichtig, uns immer wieder daran zu erinnern, wann im Gehirn bestimmte Dinge überhaupt erst funktionieren. Kinder zeigen schon im Alter von 24 Monaten soziales Verhalten, sie helfen einem Erwachsenen zum Beispiel auch ohne eigenen Nutzen, und Forscher gehen davon aus, dass Kinder bereits im zweiten Lebensjahr von Natur aus kooperieren.[84] Andere Forscher vermuten, dass Zweijährige gerade ihr »Ich« gefunden haben und nur ihre eigenen Wünsche kennen. Beides schließt sich nicht aus: Kinder helfen anderen, wenn sie keinen Nachteil dadurch haben, schon sehr früh.

Erst ab etwa vier Jahren können Kinder sich also in andere hineinversetzen. Ein Satz wie »Guck mal, jetzt ist Liam traurig« ist in jedem Alter eine wichtige Information, um die Empathie zu schulen und Kinder zu lehren, wie man das, was man sieht und fühlt, in Worte fassen kann. Aber erst mit vier Jahren beginnt der Prozess, steuerbar zu werden, und Kinder fühlen, was andere fühlen. Es dauert bis zum sechsten Lebensjahr, bis bei unseren Kindern die Empathie voll ausgebildet ist und sie ihr Verhalten zuverlässig mit sozialen Regeln verknüpfen können. Erst dann kann Laura also wirklich sicher abschätzen, dass Liam traurig wird, wenn sie ihm etwas wegnimmt, und ihren Impuls unterdrücken. Und erst jetzt kann sie auch das Motiv unterscheiden, zum Beispiel dass er zwar ihren Lego-Bau zerstört hat, aber nicht mit Absicht, sondern weil er noch so unsicher läuft und hineingefallen ist.

Mit sechs Jahren entwickeln sich im vorderen Bereich der Großhirnrinde auch das logische Denken, die Fähigkeit zu rechnen und der Teil des sozialen Verhaltens, der auf Erfahrung beruht, also auf den kulturellen Vorgaben, wie man sich zu verhalten hat. Es beginnt jetzt eine »Phase intellektueller Reife«,[85] und die Kinder können relativ gut die eigenen Gefühle kontrollieren und ihre Bedürfnisbefriedigung auch wirklich länger für einen anderen hinausschieben.

Aber bis sie zum Beispiel eine Belohnung gerecht aufteilen, dauert es noch einige Zeit. Noch länger dauert es, bis sie bereit sind, einem anderen mehr zu geben als sich selbst. In einem Test zeigten Forscher, dass Kinder zwischen vier und fünfzehn Jahren eher auf eine Belohnung verzichten, statt weniger zu bekommen als ein anderes Kind (das klingt im Alltag dann etwa so: »Nee, wenn der Gast immer das größere Eis kriegt, dann essen wir lieber gar kein Eis!«). Erst wenn die Kinder älter werden, ändert sich – je nach Kultur – das Verhalten deutlich, und manche Kinder verzichten sogar ganz auf die Belohnung, wenn sie mehr bekommen sollten als das andere Kind, weil sie das unfair finden.[86]

TIPP

**Das wächst sich aus**

Wenn Sie zum Beispiel zwei Kinder im Alter von anderthalb und zweieinhalb Jahren im Haus haben, dann sind das zwei Wesen, denen es schon rein von ihrer Gehirnentwicklung her vor allem um ihren eigenen Vorteil geht – so wie es bei unseren engsten Verwandten, den Schimpansen, in Versuchen immer wieder zu sehen ist. Lächeln Sie, sagen Sie sich: »Ach ja, die Schimpansen-Phase«, und seien Sie sicher: Das gehört zu den wenigen Dingen, die sich garantiert auswachsen.

Streiten Geschwister heute mehr als früher? Es sei in der Tat so, mutmaßt Hartmut Kasten, dass unsere Leistungsgesellschaft etwas mit dem Streit unserer Kinder zu tun hat. Er schreibt dazu:

»Auch die Forschungsergebnisse anderer Autoren … die ihre Studien in Stammesgesellschaften in Westafrika, Melanesien, Zentralmexiko und chinesischen und mexikanischen Immigrantenfamilien in den USA durchführten, belegen die Abnahme von Versorgungsverhalten, Solidarität und Fürsorglichkeit zwischen Geschwistern durch den zunehmenden Kontakt mit den Wertestandards der Industrie- und Leistungsgesellschaft.«[87]

Aber es gibt auch noch einen anderen Blickwinkel. Ich habe mich gefragt: Gibt es Kinder, die gar nicht streiten? Die Antwort ist: Offenbar ja. Aber das ist nicht unbedingt gut. In einer Studie über 71 Familien und ihre Geschwisterbeziehungen über fünf Jahre hinweg stellen die Forscher fest, dass nur die Geschwister überhaupt nicht stritten, die in sehr dysfunktionalen Familien oder prekären Situationen groß wurden, mit Eltern, die emotional wenig oder überhaupt nicht zur Verfügung standen. Solche Kinder haben gar keine Möglichkeit, miteinander in Konflikt zu kommen, weil es rein ums Überleben geht. Sie versorgen sich gegenseitig, weil ihre Eltern nicht für sie da sein können.[88] Aber es ist nicht Aufgabe der Kinder, einander großzuziehen. Es ist ihre Aufgabe, Kinder zu sein. Und sich so sicher zu fühlen, dass sie sich auch streiten können.

## »Ich! Kann! Nicht! Mehr!« – Streit ist wichtig

Manchmal haben Eltern mir schon anvertraut, dass sie am liebsten alles Spielzeug verschwinden lassen würden, damit die ewige Streiterei darum aufhört. Aber das wäre schade. Streit ist im Prinzip ein – manchmal explosiver, weil ungeübter – Aushandlungsprozess, bei dem Kinder herausfinden, wie man gemeinsam spielt und sich die »Güter« teilt. Echtes Training fürs Leben.

Betrachten Sie Streit um Spielzeug, den Lieblingsstuhl oder das größere Eis daher als ein Lernfenster, in dem Sie Ihren Kindern etwas beibringen, was diese ein Leben lang nutzen können. Unsere Kinder lernen, wie man sich auf Regeln einigt (»Diesmal darfst du anfangen, nächstes Mal wieder ich und dann wieder du?«), welche moralischen Kodizes gelten (»Darf einfach der alles bestimmen, wer der körperlich Stärkere oder Lautere ist?«) und wie man Interessen unter einen Hut bringt (»Wenn beide das Einhorn spielen wollen, was können wir machen?«). Die Kinder lernen, wie man auch in verfahrenen Situationen (drei Kinder, nur ein Holzpferd) Lösungen findet, die für alle passen (nacheinander, aufeinander, umeinander spielen) – also Win-win-Situationen erschafft.

Es ist von unschätzbarem Wert und ein großer Vorteil der Geschwistersituation, dass sie von klein auf lernen, wie man Verhandlungen führt. Ich als Einzelkind musste dafür als Erwachsene Kurse besuchen und Bücher lesen – meine Kinder sind also dank ihrer Zankereien klar im Vorteil!

Streit ist auch ein wichtiger Teil der Moralentwicklung. So oft geht es unter Kindern um Fairness, Teilen und Gerechtigkeit! Schon Kleinkinder haben ein erstaunliches Gefühl dafür, ob jemand gerecht behandelt wurde oder nicht. Die Kinder müssen es also lernen und werden es lernen. Allerdings nicht immer in dem Tempo, das wir uns wünschen.

TIPP

**Konflikte zu lösen ist ein Lernprozess**

Wenn wir uns denken, es sollte doch endlich mal aufhören mit der Zankerei (oder Frau Schmidt hätte in ihrem Buch besser einen Trick, ein Rezept oder einen Knopf genannt, den man drücken kann), dann machen Sie sich klar: Konflikte zu lösen ist ein Lernprozess wie Laufenlernen oder

Trockenwerden. Es braucht Übung, es gibt Rückschritte und Fortschritte. Man fällt hin, steht auf, fällt wieder hin. Wenn Ihre Kinder viele Auseinandersetzungen haben, freuen Sie sich: Je gründlicher sie es üben, desto besser funktioniert es am Ende!

Jetzt müssen wir nur noch wissen, wie wir mit den Kindern richtig üben. Dafür schauen wir uns den Streit einmal systematisch an. Wenn wir verstehen, was da passiert und was die Kinder brauchen, ist es deutlich leichter, mit dem Abendessen auf dem Herd, einem klingelnden Telefon und zwei brüllenden Kindern im Flur herauszufinden, worauf es ankommt.

## Wie Eltern ihren Kindern beibringen, richtig zu streiten

Es gibt verschiedene Ebenen von Streit unter Kindern, die meines Erachtens unterschieden werden müssen: *Zanken, echtes Streiten und gefährliches Streiten.*

Beim reinen *Zanken* müssen wir nicht eingreifen. Nicht jeder Wortwechsel zwischen Geschwistern braucht ein Coaching. Wenn sie sich ein bisschen zoffen, sich schnell wieder einkriegen oder auseinandergehen, belassen wir es dabei. Das entlastet uns und die Kinder. Das sind »Lass-sie-machen«-Stänkereien, die keinem wehtun.

Dann gibt es *echtes Streiten*, wobei es in erster Linie Interessenkonflikte sind, zum Beispiel um die Lieblingstasse oder die Frage, ob im Rollenspiel jetzt jeder mit seinem Einhorn fliegen kann oder nicht. Diese Streite haben meist eine dieser Ursachen:

- Streit um Dinge (etwa um Spielzeug, den Sitzplatz im Auto oder den iPod),
- Streit um Interessen (zum Beispiel unterschiedliche Spielideen beim Rollenspiel) oder
- Streit um Fairness und Gerechtigkeit (ein gleich großes Stück Kuchen, genauso lange aufbleiben dürfen).

Dazu ein kleiner Exkurs: Wir müssen uns klarmachen, dass die Welt der Dinge für sehr kleine Kinder unglaublich wichtig ist. Manche Autoren sagen, es liege daran, dass die Tasse wie ein Teil von mir selbst ist, wenn ich noch unter drei bin. Andere sagen, es liege daran, dass die Kinder in ihrem kleinen Leben so wenig Gestaltungsspielraum haben, dass sie über all das bestimmen möchten, was sich in ihrem Besitz befindet. Warum auch immer sie es tun – eine Kuscheldecke, ein Stift, ein Blatt können existenziell wichtig sein, und das Kind gebärdet sich entsprechend, wenn sein Besitz bedroht wird. Das ist kein Terror, das ist ein tiefes, inneres Gefühl. Und ehrlich gesagt: Auch als Erwachsene wäre ich niemals bereit, der Frau im ICE neben mir mein geliebtes MacBook zu überlassen, egal, wie nett die Dame fragt und auch sein mag. Warum sollte es Kindern anders gehen, nur weil es sich um ein Holzpferd handelt und der Sohn der Nachbarin ja ach so nett ist?

Der Sinn für Fairness und Gerechtigkeit ist schon in kleinen Kindern tief verwurzelt. Sie haben ein untrügliches Gefühl dafür, wenn sie unfair behandelt werden – dass ein anderer unfair behandelt wird, nehmen sie wahrscheinlich erst nach dem dritten Lebensjahr wirklich wahr.

Wenn Kinder um blaue Tassen, Regeln oder Fairness streiten, dann können wir uns auf jeden Fall erst mal entspannen. Das sind normale Interessenkonflikte, deren Lösung wir prima üben können. Nehmen wir an, Janna ist zwei und Arian fünf. Plötzlich heult die Kleine laut auf und kommt aus dem Kinderzimmer gerannt – unter wütenden Tränen.

Das Grundprinzip der Konfliktlösung bei Babys und Kleinkindern sieht wie folgt aus:

- ruhig bleiben und die Kinder beruhigen,
- zuhören,
- beschreiben, was passiert,
- Regeln und Werte ansprechen,
- Lösungen erarbeiten und
- Lösungen umsetzen.

## Gelassen bleiben und die Kinder beruhigen

Bleiben Sie selbst möglichst ruhig und entspannt – es ist vielleicht laut, möglicherweise weint auch jemand, aber es liegt keine Notsituation vor. Je gelassener wir bleiben, desto besser können auch die Kinder wieder ruhig werden.

Wenn es Ihnen hilft, atmen Sie einmal tief durch, und dann gehen Sie erst hin und sagen: »Hey, ihr zwei, ich höre Schreien und Weinen, es klingt so, als ob ihr Hilfe gebrauchen könntet.«

Wahrscheinlich reden die Kinder sofort auf Sie ein. Der nächste Schritt ist also das Zuhören.

### »Ruhig bleiben? Aber es raubt mir den letzten Nerv!«

Manche Eltern sagen mir: »Nicola, bei Schritt eins deiner Liste steige ich schon aus. Es nervt einfach! Ich kann nicht bei zehn Streiten pro Stunde zehn Mal ruhig bleiben!«

O ja, das verstehe ich. Kann ich auch nicht. Auch bei mir kommt der Punkt, an dem ich einfach meine Ruhe haben will. Können die nicht einmal friedlich sein? *Ich muss kochen!* Was tue ich dann? Mir hilft es, wenn ich in jedem Moment mit einer »positiven Kompetenzvermutung«[89] an meine Mitmenschen herangehe. Ich muss ganz bewusst davon ausgehen, dass die Kinder mich nicht mit Absicht ärgern wollen. Wollen sie nämlich nicht. Auch das Kind, das sein Geschwister gerade geärgert hat, will uns nicht testen und nicht den letzten Nerv rauben.

Wir müssen uns klarmachen: Es ist nicht der Fehler der Kinder, dass das so anstrengend ist. Es liegt daran, dass wir nicht artgerecht leben – wenn wir im Clan lebten, dann müssten wir weniger als einen Konflikt pro Stunde lösen, weil sich andere Erwachsene und vor allem ältere Kinder der sozialen Erziehung unserer Kinder widmeten (und die machen das mit Freude, beobachten Sie mal Zehnjährige, die kleinen Kindern mit der Miene eines professionellen Mediators Konfliktmanagement beibringen ...).

Wir sollten also einerseits nachsichtig mit uns selbst sein – es ist anstrengend, weil es für einen Menschen eigentlich zu viel ist –, und wir müssen extrem nachsichtig mit unseren Kindern sein, denn die können nichts dafür, dass es für uns so anstrengend ist. Sie sind einfach nur Kinder.

### Zuhören

Lassen Sie die Kinder, die schon reden können, sagen, was los ist, aber ohne Stellung zu beziehen. Lassen Sie Kinder, die noch klein sind, sich ausschreien – vorher hört mir als Mutter sowieso keiner zu, egal, was ich sage. Auch Kinder, die noch nicht sprechen können, verstehen, wenn ich sage: »Du wolltest die Decke behalten? Und dann hat Arian sie sich genommen?« Wenn alle alles gesagt oder herausgeweint haben, fassen Sie zusammen, was Sie gehört und gesehen haben: »Janna hat Arians Lego-Auto zerstört. Und Arian hat Janna die Decke weggenommen. Jetzt weint Janna – und Arian, du bist sauer. Richtig?«

### Beschreiben, was passiert

Versuchen Sie, mit den Kindern herauszufinden, was hinter dem Streit steckt: »Okay, Janna will auch Lego spielen, aber sie ist noch so klein, dass alles kaputtgeht, was sie anfasst, richtig? Und Arian, du hast dich über sie geärgert, weil sie so ungeschickt ist, und hast ihr dann vor Wut ihre Decke weggenommen. Jetzt ist Janna traurig. Und wütend. Wütend seid ihr beide, wie ich das sehe. Hm … Janna ist offensichtlich langweilig, und sie will mitspielen, Arian will aber seine Ruhe haben? Ist das so?«

Lassen Sie sich von den Kindern korrigieren, bis alle zufrieden sind. Wichtig: Es geht nicht um Ursachen oder Schuld. Besonders ältere Kinder neigen dazu, ständig zu erklären, warum sie nicht schuld sind und der andere angefangen hat. Solche Gespräche führen nur zu noch mehr Streit. Daher geht es uns jetzt ausschließlich darum, was faktisch passiert ist und wie sich alle fühlen. Ich sage meinen Kindern oft: »Kinder, wir sind hier nicht vor Gericht, sondern in einer Familie. Hier geht es darum, wie sich alle besser fühlen können. Es hilft uns gar nicht zu wissen, wer schuld ist oder angefangen hat.«

Das ist allerdings nicht so einfach, wenn die Kinder wie wild auf einen einreden. Daher müssen wir möglichst präsent und liebevoll sein. Laura Markham schreibt in ihrem Buch: »Wenn Kinder ängstlich und aufgeregt sind, dann können sie nicht gut denken und nicht gut zuhören.«[90] Das geht uns Erwachsenen auch so, oder? Unser Job ist es also, ruhig zu bleiben und beiden Seiten eine Stimme zu geben. Erst wenn die Aufregung abgeklungen ist, können wir überhaupt eine Lösung mit den Kindern finden.

### Regeln und Werte ansprechen

Wenn die Kinder sich ausgeschimpft haben und etwas ruhiger sind, sagen Sie ihnen noch mal, wie die Regeln in der Familie lauten: Kaputtmachen und Wegnehmen führen zu Streit, wir wollen lieber schauen, was jeder braucht. Wer allein spielen will, darf das. Bestimmte Bereiche oder Spielzeuge sind vielleicht für alle (Wohnzimmer, die große Eisenbahn), andere nur für den Besitzer (das neue Lego-Auto, das Zimmer eines Kindes).

### Lösungen erarbeiten

Fragen Sie die Kinder, welche Lösungen möglich wären. Helfen Sie kleinen Kindern mit Vorschlägen: Gibt es Lego, das Janna allein benutzen kann? Kann Arian nächstes Mal zu mir kommen und um Hilfe fragen, wenn er sich über seine kleine Schwester ärgert? Oder wenn er mitkriegt, dass ihr langweilig ist?

### Lösungen umsetzen

Je nachdem, was wir herausgefunden haben, versuchen wir, die Bedürfnisse zu befriedigen. Janna wird ihren Bruder so lange nicht in Ruhe lassen, wie sie sich langweilt. Kann sie mit in die Küche kommen und mit mir kochen? Habe ich eine besonders schöne Beschäftigung in petto, bei der sie gern mitmacht? Kann Arian später noch mal mit ihr Lego spielen, sodass sie jetzt loslassen und mit mir in ein anderes Zimmer gehen kann?

Bei Konflikten zwischen sehr kleinen Kindern werden wir in der Regel auch dann noch gebraucht, wenn wir eine Lösung haben. Wir müssen helfen, die Lösung umzusetzen; und nicht selten sind wir auch ein Teil davon. Wir bringen ein Kind weg, holen ein anderes Spielzeug oder bieten uns kurzfristig als Spiel- oder Beschäftigungspartner an. Das ist nicht immer das, was wir gern tun möchten, aber es lohnt sich. In der Regel spielen die Kinder schon nach kurzer Zeit auch ohne uns prima weiter. Wenn nicht, dann haben sie uns wirklich gebraucht, und wir hätten uns mit einem kompletten Rückzug nur noch mehr Ärger und Geschrei eingehandelt. Daher handeln wir lieber nach dem Motto »Zeit verlieren, um Zeit zu gewinnen« und investieren die Zeit, die Schlichtung und Neuausrichtung der Situation brauchen. Oft hilft es schon, den Ort zu wechseln – einmal kurz vor die Tür, alle in die Küche oder aufs Klo.

## *Tipps für die klassischen Themen*

Wichtig ist, dass wir Kinder nicht zum Teilen zwingen (siehe weiter unten den Abschnitt »Warum Kinder nicht teilen müssen«) und nicht glauben, dass wir Kinder immer gleich behandeln müssen, um gerecht zu sein. Das Gegenteil kann zutreffen – wenn das große Kind sich über Lego freut, kann das kleine trotzdem mit Duplo-Steinen glücklicher sein.

**Zehn Tipps bei Streit
um Gegenstände oder Plätze**

1. *Abwechselnd spielen.* Bei sehr kleinen Kindern, denen Uhrzeiten nichts sagen, kann man ausmachen, dass das andere Kind »vor dem Abendbrot« spielen darf oder »wenn Mama nach Hause kommt«.
2. *Zwei identische Spielsachen anschaffen* von besonders begehrten Gegenständen.
3. *Alternativen bieten* – anderes Spielzeug oder gemeinsame Aktionen.
4. *Ich kann selbst die Alternative sein:* »Ich lese dir etwas vor, solange dein Geschwister noch mit dem begehrten Teil spielt.«
5. *Regeln einführen* – an ungeraden Tagen sitzt das eine Kind im Auto auf dem Beifahrersitz, an geraden das andere (wobei Kinder unter zwölf Jahren beziehungsweise 1,50 Meter Körpergröße vorn wie hinten immer einen Kindersitz oder für Kinder geeignetes Rückhaltesystem benutzen müssen).
6. *Miteinander statt gegeneinander:* Bei Streiten im Rollenspiel hilft es oft, die Kinder daran zu erinnern, dass sie ja miteinander und nicht gegeneinander spielen wollten.
7. Oft hilft auch ein *Ortswechsel*, *frische Luft* oder schlicht ein *kleiner Snack.*
8. *Gefühle in Worte fassen:* »Schau, als du das Baby auf den Arm genommen hast, hat es angefangen zu weinen. Ich glaube, es wollte sitzen bleiben und weiterspielen.«
9. *Bedürfnisse übersetzen:* »Wenn du an Irinas Pullover ziehst und sie schreit, dann will sie es nicht. Es ist ihre Art, ›Stopp!‹ zu sagen.«
10. Viel mit den Kindern kuscheln, für Spielpartner sorgen.

Was garantiert nicht hilft, sind Sätze wie »Du lässt deine Schwester jetzt sofort mitspielen!«, »Wenn er das Lego nicht bekommt, darf er eben mit meinem Smartphone spielen und du nicht. Siehst du, was du davon hast!«, »Siehst du nicht, dass dein kleiner Bruder nicht auf deinen Arm will? Lass ihn sofort runter!«, »Der Klügere gibt nach!«, »Du bist doch schon groß, jetzt lass ihn doch« oder »So, jetzt nehme ich dir auch dein Spielzeug weg, damit du weißt, wie das ist« …

Und was machen wir, wenn eines der Kinder trotz allem nicht kooperiert und zum Beispiel nicht aufhört, sein Geschwister zu boxen? Dann trennen wir die Kinder. Wir fassen in Worte, was passiert: »Es sieht so aus, als wäre es gerade nicht möglich, euch ohne Streitereien in einem Raum zu lassen.« Und dann nehmen wir ein Kind – am besten das passive – mit hinaus oder trennen die Kinder anderweitig.

### »Der hat aber mehr …!«

Der Streit darum, wer mehr von etwas bekommt oder hat, ist ebenfalls ein klassisches Geschwisterthema. Verständlich, wenn wir uns bewusst machen, dass Geschwister am Ende immer um lebenswichtige Ressourcen konkurrieren. Die wichtigste Ressource ist die Liebe der Eltern. Kinder messen diese auch daran, wie viel Aufmerksamkeit, wie viele Geschenke und wie viel Essen jeder bekommt. Es ist daher nur verständlich, dass manche Kinder regelmäßig »Nervenzusammenbrüche« haben, wenn jemand anders das letzte Stück Kuchen erhascht. Hat ein Kind nicht so viel Kekse oder Kuchen wie sein(e) Geschwister bekommen – oder fühlt es sich so – und haben wir leider keinen Kuchen mehr, dann schlägt Laura Markham eine wunderbare Lösung vor: Wir fühlen mit und bieten stattdessen das, was das Kind in Wirklichkeit gefragt hat, geben ihm also eine Antwort auf die Frage »Liebst du mich?«.

Das könnte dann ungefähr so klingen: »Was, du hast nicht genug Kuchen bekommen? Und jetzt ist keiner mehr da? O nein! Und du willst keinen Muffin? Okay! Verflixt, du hast nicht genug Kuchen bekommen, dabei kann niemand so hinreißend du sein wie du! Dann brauchst du jetzt eine Riesen-Extra-Umarmung, komm her, und ein Knuddeln? Und einen Kuss? Klar doch! Und nächstes Mal passen wir alle auf, dass du genug Kuchen bekommst!«

Die Kinder fragen nämlich gar nicht danach, dass sie noch einen Krümel mehr Kuchen bekommen (es sei denn, sie haben wirklich noch Hunger, aber das ist hierzulande selten). Sie gehen einfach nur davon aus, dass der, der mehr Kuchen kriegt, auch mehr Liebe abbekommt. Wenn wir ihnen diese Liebe geben, am besten mehr als genug, dann ist auch die Sache mit dem Kuchen nicht mehr so dramatisch.

## *Warum Kinder nicht teilen müssen*

Stellen Sie sich folgende »klassische« Situation vor: »Kind 1« spielt, und »Kind 2« will auch mal. – »Du hattest das Auto jetzt lang genug, nun gib es deinem Bruder!« Wie oft habe ich so etwas gedacht, gesagt oder *hätte* es gern gesagt! Für mich ist es sehr schwer auszuhalten, wenn meine Kinder vor den hungrigen Augen ihres Geschwisters ein begehrtes Objekt nicht hergeben. Mein inneres Kind weint – manchmal noch lauter als mein eigentliches Kind. Aber was lernen und fühlen meine Kinder, wenn ich das sage? Laura Markham hat eine sehr kluge Liste erstellt, die ich noch erweitern möchte:[91]

- »Eltern entscheiden, wer was bekommt und wann.«
- »Je lauter man schreit, desto eher bekommt man es.«
- »Ich muss mich beeilen mit dem Spielen, weil ich Dinge nicht so lange haben kann, wie ich sie brauche.«
- »Ich habe es – ich habe gewonnen!«
- »Ich muss es abgeben – ich habe verloren!«
- »Zeit ist knapp, Dinge sind knapp, Liebe ist knapp.«
- »Ich fühle mich ohnmächtig, wenn man mich zwingt, etwas herzugeben – das wird der andere büßen.«
- »Meine Geschwister und ich konkurrieren um unsere Sachen.«
- »Ich muss versuchen, etwas so lange zu behalten, wie ich nur kann.«

Wenn wir die Kinder zwingen, alles zu teilen, erzeugen wir eine Situation der Knappheit, der Angst und der Konkurrenz, die zu weiterem Streit führt.

Was können wir stattdessen tun? Wir können Kind 2 ermuntern, sein Geschwister zu fragen, »wann es auch mal darf«. Und dann helfen wir Kind 2 zu warten, bis es so weit ist. Das eine Kind lernt, dass es nach etwas fragen darf und Hilfe bekommt, wenn ihm das Warten schwerfällt. Es kann feststellen, dass man auch andere schöne Dinge tun kann, dass Weinen entspannend ist und dass es besser darin wird zu warten. Es lernt, dass jeder mal drankommt. Wissenschaftlich gesprochen, lernt es Impulskontrolle und Belohnungsaufschub. Es weiß auch: Wenn ich dann das Spielzeug endlich habe, bin ich derjenige, der so lange spielen kann, wie er will. Und dann kann ich großzügig sein und es irgendwann abgeben.

Das andere Kind lernt ebenfalls, dass es spielen kann, solange es möchte, und dass es keinen Druck bekommt, auch wenn das Brüderchen oder Schwesterchen schreit und weint. Es muss nicht sauer auf sein Geschwister sein, weil es etwas hergeben sollte. Es fühlt sich gut, wenn es das Spielzeug dann abgibt und dies statt mit »weggenommen bekommen« mit »abgeben« assoziiert und statt »Ich bin ohnmächtig« das Gefühl hat: »Ich bin großzügig.«

Falls Kinder auf die Frage »Wie lange willst du noch damit spielen?« eine Antwort geben wie »Für immer«, »Drei Jahre« oder »Bis Weihnachten«, dann erinnern wir freundlich daran, dass es zum Beispiel die Regel gibt, dass man maximal bis zum Abendbrot spielen kann oder dass es immer nur einen Tag geht. Auf solche Regeln können wir uns schon mit Dreijährigen verständigen, allerdings nicht in der erhitzten Situation selbst, sondern in einem ruhigen Moment.

Müssen wir also heilig sein und unserem frustrierten Zweijährigen durch jeden Wutanfall sanft hindurchhelfen? Ideal wäre es. Aber in der Praxis tun wir das alles am besten dann, wenn wir auch die Zeit haben, mit dem einen Kind zu warten und mit ihm durch seine Wut, seinen Frust und sein Weinen zu gehen.

In allen anderen Situationen versuchen wir als kluge Eltern, diese Art Streit zu vermeiden. Wenn es Spielzeuge gibt, derentwegen die Kinder ständig streiten, kaufen wir sie ein zweites Mal oder lassen sie verschwinden – dann sind die Kinder vielleicht noch nicht so weit, um ein ferngesteuertes Auto auch teilen zu können. Wenn wir ins Restaurant oder zu Besuch fahren, dann sorgen wir dafür, dass keine besonders begehrten Objekte dabei sind, bei denen Streit programmiert ist. Wenn Besuchskinder kommen, räumen wir vorher die besonders heiligen Spielzeuge in Absprache mit unseren Kindern weg – dann gibt es auch da weniger Streit. Sie werden erstaunt sein, wie genau Kinder wissen, was sie gern mit ihren Neffen und Nichten teilen möchten und was nicht, und wie generös sie im

Laufe der Zeit sagen: »Ach, das hat er so gern, das kann er heute ruhig mal haben.«

Was machen wir mit Kleinkindern, die völlig verzweifelt schreien, weinen und wild werden? Wir bleiben da. Wenn ein Kind sich wegen einer blauen Plastikschippe dermaßen aufregt, dann ist oft etwas anderes im Busch. Jetzt hat das Kind die Gelegenheit, den Stress der letzten Tage, die schlechte Nacht, den Kindergartentag hinter sich zu lassen und mal alles rauszulassen. Wir bleiben bei ihm und passen auf, dass es sich nicht wehtut. Denn wenn wir ihm jetzt das begehrte Spielzeug verschaffen, ist es oft in drei Minuten nicht mehr interessant. Es geht um anderes. Dann tut Weinen in den Armen eines großen Menschen einfach gut.

### *Wie Eltern echten Streit als Lernfenster nutzen – ab etwa sechs Jahren*

Das Grundprinzip der Konfliktlösung bei Kindern, die älter sind als sechs Jahre, sieht folgendermaßen aus:

- ruhig bleiben und die Kinder beruhigen,
- zuhören,
- beschreiben, was passiert,
- Regeln und Werte ansprechen,
- die Kinder Lösungen erarbeiten lassen,
- den Ort des Geschehens verlassen und die Kinder ihre Lösung umsetzen lassen.

Bei älteren Kindern sind vor allem die beiden letzten Punkte anders. Wir überlassen die Lösungsideen in erster Linie den Kindern. Es ist wichtig, dass wir keine Forderungen stellen, sondern ihnen den Raum geben, eigene Ideen zu entwickeln. Wir können ruhig mal sagen: »Oh, das ist aber knifflig, lasst uns mal überlegen …«, und dann abwarten. Nur wenn ihnen gar nichts einfällt, machen wir Vorschläge oder leiten sie vorsichtig in Richtung eines Kompromisses. Dann gehen wir hinaus und sagen den Kindern ganz klar: »Ich gehe davon aus, dass ihr das hinkriegt«, und sind weg.

Die Kinder brauchen das Gefühl, dass wir ihnen vertrauen und ihnen die Kompetenz zubilligen, ihre Konflikte zu lösen. Sollte das nicht klappen, drehen wir die Runde erneut. Funktioniert es nun immer noch nicht, dann sind wir nicht sauer oder enttäuscht, sondern stellen schlicht fest, dass es heute zu kompliziert / zu spät / zu eng / zu kurz vor dem Abendessen … ist und wir etwas anderes versuchen. Wir trennen die Kinder oder gehen alle aus dem Raum und fangen etwas Neues an.

Für meine Familie gibt es die Formel »Das kriegen wir heute Abend nicht mehr gelöst, lasst es uns aufschreiben und morgen drüber reden«, wenn, was gern passiert, abends noch komplizierte Konflikte aufbrechen.

Oft verkeilen sich größere Kinder in der Frage, wer eigentlich recht hat. Wie gesagt: Machen Sie in diesem Fall klar, dass es am Ende in der Familie nicht darum geht, wer recht hat. Recht haben ist kein Wert an sich, wir sind ja nicht vor Gericht. So vermeiden Sie lange Diskussionen à la »Er hat …«, »Sie hat zuerst …«, »Ich hab aber gesagt …«, »Hast du gar nicht!«, die nur den Streit anheizen und unnötig Zeit kosten.

Es geht darum, wie sich jeder fühlt und wie wir gut zusammenleben können. Das lenkt den Fokus der Kinder auf ein ganz anderes Spielfeld und hat sich bewährt. Erklären Sie die Familienregeln oder -werte: »Wir möchten die Dinge gemeinsam tun, nicht gegeneinander. Weil wir hier ja zusammen gemeinsam gut leben wollen.« Seien Sie vorsichtig mit »›Wirhaben-uns-doch-alle-lieb‹-Statements« – manchmal hat man Geschwister nämlich »gar nicht so lieb«, und auch das ist okay. Die Regel lautet aber, dass wir uns respektvoll verhalten, damit die Familie in Frieden leben kann, und dass wir deshalb versuchen, Situationen zu erschaffen, in denen alle einen Gewinn davontragen. Das können wir verlangen – nicht mehr und nicht weniger.

### *»Spiel mit mir!« – Wenn ein Kind mehr Kontakt will als das andere*

Besonders kleinere Kinder wollen oft von ihren älteren Geschwistern mehr, als diese geben können. Dann hilft es, wenn wir klarmachen: Kein Kind *muss* mit seinem Geschwister spielen. Wenn der Zehnjährige drei Jungs zu Besuch hat, können wir nicht erwarten, dass die ganze Bande auch mit seiner siebenjährigen Schwester spielt. Sollten wir das gegen die Bedürfnisse der Großen erzwingen, schüren wir nur Frust und öffnen das Tor dafür, dass die Kleine schikaniert wird, sobald wir die Tür hinter uns schließen. Stattdessen sollten wir etwa wie folgt vorgehen:

Wir setzen uns mit den Kindern hin und sprechen aus, wer welche Bedürfnisse hat: Das große Kind will allein oder mit seinen Freunden spielen, das kleine mit seinem Geschwister.

Dann folgt die Familienregel oder unser Wertesystem: Niemand muss mit jemandem spielen. Und ja, es tut weh, wenn man nicht mitspielen darf oder der große Bruder lieber lesen will.

Jetzt eröffnen wir den Kindern ein Konfliktlösungsangebot, wenn sie nicht selbst drauf kommen: »Könntest du [der Große] deinem kleinen Geschwister eine Zeit nennen, zu der du ein wenig, sagen wir zehn Minuten, mit ihm spielen kannst? Kannst du dir das vorstellen? Oder könntet ihr später etwas zusammen machen?«

Wir helfen dem kleinen Kind, sein Bedürfnis zu formulieren. Man sollte nicht unterschätzen, in welche herzzerreißenden Tränen eine Siebenjährige ausbrechen kann, wenn sie ihrem zehnjährigen Bruder sagt, dass sie so gern mehr mit ihm spielen würde. Und wie liebevoll sie dann plötzlich in den Arm genommen wird, wenn ich als Mutter den Druck vom großen Kind nehme und meiner Tochter sage: »Ja, das verstehe ich, dass du mit deinem Bruder spielen willst. Und es wird sicher wieder passieren, jetzt gerade nur will er nicht und er muss es auch nicht, wir respektieren das.«

Plötzlich kommt das große Kind, knuddelt das Kleine erlöst und ist viel offener, ein Angebot zu machen. Und das kleine Kind fühlt sich gehört und gesehen und kann dann mit dem »Nach dem Essen spiele ich zehn Minuten mit dir« viel entspannter mit Mama abziehen und schon mal Pfannkuchenteig rühren gehen, als wenn wir entweder entscheiden: »Ihr müsst aber!« Oder sagen: »Pech gehabt, du bist halt zu klein.«

## *»So, und jetzt entschuldigst du dich!«*

Sich unter Zwang zu entschuldigen ist nicht nur unangenehm, es ist auch ineffektiv. Die Kinder lernen nichts. Sie gewinnen höchstens Routine darin, aus einer unangenehmen Situation herauszukommen, wenn sie phrasenhaft »'tschuldigung« murmeln, damit sie endlich weiterspielen können.

Eine Entschuldigung, die nicht von Herzen kommt, richtet mehr Schaden an, als dass sie hilft. Das Kind, das gezwungen wurde, ist nun erst recht sauer auf sein Geschwister. Das Kind, das zusehen musste, wie sein Geschwister zu einer Entschuldigung gedrängt wurde, mag sich wie ein Sieger fühlen. Aber genauso häufig sehen wir auch, wie es diesem Kind unangenehm ist, den Prozess mitzuerleben, und es weiß auch ganz genau, dass sich sein Geschwister bei der nächsten Gelegenheit für diese Schmach rächen wird. Erzwungene Entschuldigungen züchten daher allenfalls Unmut und Heuchelei.

Wir Eltern können den Kindern stattdessen beibringen, sich von Herzen zu entschuldigen, wenn sie so weit sind, und dann – noch wichtiger – wiedergutzumachen, was sie zum Beispiel zerstört haben. Wenn sie das lernen, entlasten sie sich nämlich selbst, was der Geschwisterbeziehung langfristig am meisten hilft.

Wie tun wir das? Der erste Weg ist immer: Wir sind Vorbild. Wenn wir etwas weggeworfen haben, was die Kinder noch haben wollten, eine Banane geöffnet haben, die das Kind selbst aufmachen wollte, oder unwirsch reagiert haben, dann entschuldigen wir uns. Aber auch wir tun es erst dann – und nur dann –, wenn es von Herzen kommt. Und wir versuchen, es wiedergutzumachen: »Schau, magst du dafür die nächste Banane öffnen?«, »Oje, ich hole es aus dem Müll und wasche es ab«, »Liebling, ich bin heute genervt, aber das hat nichts mit dir zu tun, es tut mir leid, dass du es abbekommen hast, ich liebe dich!« …

In der Konfliktsituation zwischen Kindern helfen wir ihnen bereits, wenn wir ihnen immer wieder beibringen, sich zu beruhigen, und wenn wir ihnen helfen, den Standpunkt des anderen überhaupt sehen zu können. Erst dann können sie wieder miteinander ins Gespräch kommen. Auch beim Thema »Entschuldigen« gilt das bisher Gesagte:

- Beschreiben Sie wie immer, was passiert ist.
- Beschreiben Sie, was Sie sehen – ein Kind weint, eines ist sauer.
- Lassen Sie die Kinder erzählen, bis ihr Ärger verraucht und ihr Gehirn überhaupt wieder aufnahmefähig ist. Das kann etwas dauern, je kleiner die Kinder sind, desto länger müssen sie erst weinen, toben und getröstet werden.
- Überlegen Sie zusammen mit den Kindern, wie sie alle das wiedergutmachen könnten. Könnten Sie etwas Zerstörtes gemeinsam wiederaufbauen? Kann etwas Weggegessenes durch etwas anderes ersetzt werden? Kann ein Kind jetzt vielleicht besonders lange mal mit dem begehrten Spielzeug spielen? Lassen Sie die Kinder Vorschläge machen. Natürlich kann auch darunter sein: »Ich könnte mich entschuldigen.«
- Hören Sie genau hin: Wenn Ihr Kind sich unwillig auf etwas einlässt oder unwillig entschuldigt, zeigen Sie auf, dass sich so am Ende keiner besser fühlt. Bleiben Sie weiter dran, und überlegen Sie, was passieren müsste, damit eine Entschuldigung echt sein kann und eine Wiedergutmachung von Herzen kommt.
- Wiedergutmachungen sollten sich nach dem Alter und der Neigung der Kinder richten. Manche Kinder wollen einander umarmen – manchmal will aber eines der Kinder das nicht, dann erzeugt das nur weiteren Unmut. Manche Kinder wollen lieber den Turm wiederaufbauen oder etwas reparieren oder austauschen. Manche wollen etwas für ihr Geschwister singen oder malen.
- Und wenn ein Kind ganz klar der Aggressor war, es mit der Entschuldigung von Herzen oder der Wiedergutmachungsidee einfach nicht klappt? Dann lassen Sie das verärgerte Kind sich erst mal komplett beruhigen. Manchen Kindern

hilft es, aus dem Zimmer zu gehen oder noch ein bisschen zu spielen. Wichtig ist nur, dass wir den Prozess sichtbar machen und auch zu Ende bringen: »Ich sehe, dass du jetzt gerade noch zu wütend bist, um dich zu entschuldigen oder deinem Bruder entgegenzukommen. Das ist okay. Manchmal braucht man länger. Ich weiß, du wirst dich besser fühlen, wenn du es wieder geradegerückt hast. Wir kommen einfach später darauf zurück. Ich bin sicher, dass dir etwas einfällt, damit ihr euch beide wieder gut fühlt.«

Und dann lassen wir los. In der Regel ist es überhaupt kein Problem, einen Weg zu finden, sobald die erste Hitze des Streits vorbei ist.

»Oh, so viel Zeit habe ich nicht, solche Gespräche mit Dreijährigen dauern viel zu lange!«, denkt der eine oder andere jetzt. Ja, das ist so, es dauert. Aber wenn wir diese Zeit frühzeitig investieren, statt einfach nur eine Entschuldigung zu erpressen, sparen wir uns jahrelange Streitereien im Haus. Und die kosten am Ende mehr Zeit und vor allem Nerven.

### *Petzen – vier Schritte, wie wir damit umgehen können*

Anna kommt in die Küche gerannt: »Der Jan hat heimlich ein Bonbon gegessen!« Kurz darauf kommt Jan angeschlichen und blickt seine Schwester finster an: »Petze.«

Petzen ist ein schwieriges Feld. Einerseits wollen wir, dass unsere Kinder die Wahrheit sagen und Störungen auch benennen. Andererseits ist das gegenseitige Verraten unter Geschwistern ausgesprochen schlecht für die Atmosphäre in der Familie.

**Wann ist es Petzen?**

Wir müssen genau hinschauen: Wann ist es Petzen, wann melden die Kinder wichtige Störungen? Und wie bringen wir unseren Kindern bei, das eine vom anderen zu unterscheiden?

Was ist überhaupt Petzen? Beim klassischen Petzen geht es darum, jemand anderen zum eigenen Vorteil anzuschwärzen. Auch wenn es manchmal gut zu wissen ist, dass ein Kind sich nicht an die Regeln hält, erzeugt Petzen am Ende eine unangenehme Situation für alle Beteiligten: Der »Denunziant« macht sich zum Verräter, erringt einen sehr kurzlebigen Sieg, der Angeschwärzte sinnt auf Rache und fürchtet Strafe, und wir Eltern werden zu Richtern und Polizisten gemacht, was weiteren Unfrieden programmiert.

Aber Kinder sollen doch sagen können, wenn etwas vorfällt, oder? Wann ist es Petzen, wann nicht?

Von der Diplompsychologin Maryam Boos, Gewaltpräventionstrainerin vom Projekt »Mut tut gut« (Prävention Bonn-Rhein-Sieg),[92] habe ich folgende Definition von Petzen gelernt: Petzen ist es immer dann, wenn ein Kind etwas sagt, was wir als Eltern weder wissen müssen noch ändern können und bei dem wir auch keine Hilfe sind. Einige Beispiele:

- Jan ist fünf Minuten zu spät nach Hause gekommen (und wir als Eltern haben es nicht bemerkt).
- Lisa hat ihr Schulbrot gar nicht gegessen, sondern weggeworfen (was sie sonst nie tut).
- Tom hat heimlich Bonbons mit in den Kindergarten genommen (was nicht erlaubt ist, aber auch kein Drama).
- Anna war eben schon im Garten, obwohl sie erst aufräumen sollte (was nicht absprachegemäß war, aber auch niemandem geschadet hat.)

All diese Beispiele zeigen: Es ist etwas geschehen, was nicht hätte passieren sollen. Aber es hat niemandem geschadet, vor allem nicht dem, der den anderen verpfiffen hat. Und ich kann jetzt im Nachhinein nichts mehr daran ändern, ich kann also gar nicht akut helfen.

Ganz anders liegen die Dinge, wenn es darum geht, dass …

- Tom gerade mit dem Wasserkocher hantiert (er könnte sich verbrühen),
- Lisa die Katze in die Waschmaschine gesperrt hat (ich werde sie besser herausholen),
- Luca auf dem Rückweg von der Schule verloren gegangen ist (ich werde ihn wohl mal suchen gehen) oder
- Anna gerade dabei ist, das Lego-Auto des anderen Kindes zu zerlegen und davon nicht abzubringen ist (dann sollte ich die Kleine vielleicht mit in den Garten nehmen).

Wenn ich Kinder frage, warum sie den anderen angeschwärzt haben, bekomme ich oft Antworten wie:

- »Aber das war gegen die Regeln!«
- »Ich will, dass der andere auch mal geschimpft bekommt!«
- »Das ist aber die Wahrheit!«
- »Der hat mich vorhin auch geärgert!«

Schaut man in pädagogische Ratgeber, dann wollen die Kinder

- sich wichtig fühlen,
- sich erwachsen fühlen,
- Aufmerksamkeit bekommen,
- Rachegefühle ausleben und/oder
- Macht ausüben.

Am Ende kommt es aber immer auf eines hinaus: Die Kinder haben ein starkes Gefühl, sie wissen nicht, wie sie damit umgehen sollen, und es fehlt eine Alternativstrategie. Hier sind wir gefragt, denn genau dies können sie von uns lernen:

- **Schritt 1:** Unterscheiden Sie ganz klar, was »Petzen« und was »Hilfe holen« ist, und erklären Sie es den Kindern. Wenn die Zweijährige auf die Straße rennt, der Vierjährige am Herd spielt oder der große Bruder gerade von den Nachbarjungs verprügelt wird, dann petzt meine aufgeregte Fünfjährige nicht, sondern sie holt Hilfe, und das soll sie auch tun. Immer wenn jemand zu Schaden kommt oder kommen könnte und wir den Schaden abwenden können, sollen Kinder sich bei uns melden. Das gilt auch für alles, was sich »komisch im Bauch anfühlt«, und jedes Geheimnis, das die Kinder belastet.
- **Schritt 2:** Wenn das Kind hingegen wirklich petzt, uns also etwas meldet, was es eigentlich nicht betrifft und was man nicht ändern kann oder muss, dann halten wir ihm keinen Vortrag – das beschämt das Kind, und Scham ist nicht gut fürs Gehirn. Wir können stattdessen Fragen stellen: »Hm, Tom hatte seine Bonbons mit im Kindergarten. Okay, danke! Brauchst du mich jetzt noch dafür? Gibt es noch etwas, was wir jetzt tun können?« Wenn das Kind »reine Informationspolitik« betrieben hat, bedanken wir uns freundlich und belassen es dabei. So lernt es, dass wir keinen Handlungsbedarf sehen, wenn wir nicht gebraucht werden und es ohnehin nichts zu tun gibt.
- **Schritt 3:** Schauen Sie, was hinter dem Petzen steckt. Braucht ein Kind mehr Aufmerksamkeit? Mehr Zeit allein oder einen eigenen Raum für sich? Haben wir eine Stimmung von Rivalität zwischen den Geschwistern? Petzen kann auch ein Alarmsignal sein, dass wir als Eltern gerade anfangen, schlecht über eines der Kinder zu reden oder es häufiger zu

maßregeln. Manche Kinder wehren sich mit Äußerungen wie »Die anderen aber auch!«, und die nicht Betroffenen springen auf den Zug auf und solidarisieren sich mit den Eltern gegen das »schwarze Schaf«. Beides ist wunderbar, denn die Kinder kooperieren mit uns und zeigen so, dass wir auf dem falschen Kurs sind und umsteuern müssen! Möglicherweise sind die Kinder auch überfordert mit ihren widerstreitenden Interessen und brauchen unser Coaching, um friedlich zusammenzuleben. Wenn das Kind Aufmerksamkeit braucht oder das Gefühl, wichtig zu sein, dann können wir mehr 1-zu-1-Zeit mit ihm verbringen oder ihm altersentsprechend Aufgaben geben, um diese Bedürfnisse anders als mit Petzen zu erfüllen. Manches Kind braucht auch einfach jemanden, der sagt: »Komm, wir gehen gemeinsam nach draußen und füttern die Hasen.«

- **Schritt 4:** Lehren Sie Alternativen. Oft wissen die Kinder einfach nicht, was sie machen sollen, wenn die große Schwester schon wieder das ganze Sofa belegt oder sie hänselt. Sie fühlen sich ohnmächtig oder unterlegen und wollen Hilfe im Machtkampf der Geschwister. Dann ist es unsere Aufgabe als Eltern, den Kindern zu zeigen, wie sie Konflikte unter Kindern lösen können. Dafür nutzen wir die bereits aufgezeigten Schritte.

## Wenn es beim Streit um mehr geht

Solange die Kinder in Balance sind, lernen sie in der Regel mit jedem Monat, den sie älter werden, sich besser zu einigen. Auch wenn sich die Kinder einfach nur zanken, weil sie müde, hungrig oder durstig sind, ist die Lösung relativ einfach.

Aber oft liegt hinter einem Streit mehr als die Frage, wer die blaue Tasse bekommt. Wenn Themen dahinterstehen wie »Wen liebt ihr mehr?«, »Muss ich Angst haben, dass Oma stirbt?« oder »Kriege ich mehr Aufmerksamkeit, wenn ich lauter und länger schreie?«, dann wird auch mit zwei blauen Tassen kein Frieden einkehren. Bei uns Erwachsenen ist es ja nicht anders: Falls wir uns ständig wegen des Abwaschs zoffen, wird der Streit nicht verschwinden, wenn wir ab heute nur noch von Papptellern essen – weil es in Wirklichkeit nicht um den Abwasch geht.

Konflikte, die »um nichts« ausbrechen, sind in der Regel deshalb »aus nichtigem Anlass«, weil etwas anderes dahinterliegt. Das kann sein:

- Die Kinder haben Hunger oder Durst.
- Sie sind müde.
- Sie sind unzufrieden.
- Sie sind gelangweilt.
- Sie haben so unterschiedliche Temperamente und Bedürfnisse (toben, ruhig spielen), dass sie nicht zusammenkommen.
- Sie wollen Aufmerksamkeit.
- Sie haben stressige Situationen erlebt (Familie, Kindergarten, Freunde) und geben die unangenehme Erfahrung an ihre Geschwister weiter.
- Es besteht ein Kampf um Macht, Status oder Respekt.
- Die Kinder brauchen ein Ventil für unterdrückte Gefühle (Trauer, Neid, Eifersucht, Angst).

## *»Die lösen das von ganz allein!« – Wann Eltern überhaupt eingreifen müssen*

Viele stellen sich die Frage, ob sie bei Streitereien der Kinder überhaupt eingreifen sollen. Mal ehrlich – können die das nicht allein regeln? Hat es in der Steinzeit überhaupt jemanden gegeben, der den Kindern zeigt, wie das geht, die waren doch alle immer jagen und sammeln?

Die Frage ist nicht unberechtigt. Dennoch können unsere Kinder keine Konflikte lösen. Sie sind noch zu klein, um solche Auseinandersetzungen ohne Hilfe von Erwachsenen zu regeln – auch im Schulalter. Ihnen fehlt die Erfahrung. Und sie konnten es auch in der Steinzeit wahrscheinlich nicht allein (auch wir Erwachsenen kriegen es oft nur mit Hilfe hin!). Kinder lernen das Lösen von Streitigkeiten von größeren Kindern, von alten Leuten, vom ganzen »Clan«. Das ist oft leichter, als es von den Eltern zu lernen, weil wir als Vater und Mutter näher an den Kindern dran sind und so unsere eigenen Themen sofort mitschwingen. Aber es hilft nichts – in einer Welt der Kleinfamilien sind wir als Eltern in der Pflicht.

Forscher haben in einer Studie 2271 Konflikte identifiziert; wie schon gesagt wurde, stritten sich die Geschwister im Schnitt 6,3-mal pro Stunde. Die Eltern griffen in etwa der Hälfte der Fälle ein: 1302-mal.[93] Viele Studien zeigen ganz eindeutig, dass Kinder weniger streiten, wenn Eltern nicht eingreifen. Aber überlegen wir mal, warum sie weniger streiten. Das schwächere Kind begreift sehr schnell, dass es keine Chance gegen das dominantere hat, wenn ihm niemand zu Hilfe kommt. Es wird weniger für seine Interessen eintreten, weil es weiß, dass es sich damit nur Ärger einhandelt. Es kommt so möglicherweise zu weniger Streit, je nach Temperament des schwächeren Kindes. Aber um welchen Preis? Wir zementieren damit in unserer Familie das Recht des Stärkeren. Und wir riskieren, dass die Auseinandersetzungen genauso häufig bleiben, aber mit der Zeit aggressiver werden. Ein Forscher schreibt: »Kinder … interpretieren das Nichteingreifen der Eltern als eine indirekte Billigung ihres Verhaltens, was zu häufigeren und aggressiveren Konflikten führen kann.«[94]

Und wenn Eltern eingreifen? Dann gibt es mehr Streit. Da war die Studienlage lange ganz klar. Aber warum? Wir sehen in der neueren Forschung: Wenn Eltern auf die klassische Weise eingreifen und erst Detektiv (»Wer hat angefangen?«) und dann Schiedsrichter (»Wer ist schuld?«) spielen, dann streiten die Kinder hinterher mehr. Denn wie ebenfalls schon an anderer Stelle angedeutet wurde, befeuern diese Fragen Rivalität, Frust, Wut und Rachegefühle – die Anzahl der Streitigkeiten steigt. Wenn wir Frieden erzwingen, indem wir eine Entscheidung treffen, gibt es grundsätzlich Gewinner und Verlierer. Das gilt auch dann, wenn es gar nichts zu gewinnen oder verlieren gibt, denn allein das Gefühl, dass Papa mir recht gegeben hat, macht mich zum Gewinner. Das gilt auch für vermeintlich demokratische Abstimmungen. Wir erzeugen negative Gefühle in unseren Kindern, die irgendwann wieder herausmüssen. Der nächste Streit ist abzusehen.

Wenn Eltern jedoch als Coaches auftreten, die den Kindern helfen, Lösungen zu finden – dann streiten die Kinder auf lange Sicht konstruktiver und weniger.[95]

Die Voraussetzung ist: Wir müssen aushalten, dass es ein Weg ist – und kein Knopf. Wir können zwar mit der Macht unserer elterlichen Überlegenheit jeden Streit im Keim ersticken. Aber wenn wir Frieden erzwingen, indem wir die Kinder anschreien, gewaltsam trennen, Entscheidungen treffen oder einem Kind sagen, es sei »doch schon groß« und »Der Klügere gibt nach«, dann verschärfen wir die Situation. Denn mindestens ein Kind fühlt sich dann ungerecht behandelt, es entsteht im Kinderherz zusätzlicher Stress, ein Kind wird sich als »klein« oder als »der Dümmere« fühlen, weil es nicht nachgegeben hat. Wir drängen die Kinder in Rollen, was sie ein Leben lang belasten kann, statt ihnen beizubringen, wie man mit Konflikten umgeht.

Und wenn es zwischen Geschwistern zu echter Aggression und Handgreiflichkeiten kommt, regelt sich das in den meisten Fällen ganz sicher nicht von allein. Dann ist ein Eingreifen unsererseits vonnöten.

### *Wenn es kritisch wird – Aggression zwischen Geschwistern*

Die Literatur und die Geschwisterbücher sind voll von Fallbeispielen, in denen Geschwister jahrelang unter Aggression oder Mobbing leiden – das ist dann *gefährlicher Streit*. Der Laisser-faire-Ansatz, dass die Kinder das schon allein lösen, liefert sie dem Recht des Stärkeren aus, bei dem keiner gewinnt. Denn das stärkere Kind bekommt vielleicht seinen Willen, lernt aber keine Konfliktlösungsstrategien; das schwächere Kind leidet mitunter jahrelang still vor sich hin und lernt ebenfalls nicht, für sich einzustehen. Im schlimmsten Fall lebt die Familie auf einem Vulkan angestauter Aggression, der jederzeit ausbrechen kann.

TIPP

### Wie Eltern richtig eingreifen

Eltern, die in einen Konflikt eingreifen, tendieren leider dazu, das schwächere Kind zu schützen und das ältere zu tadeln – schließlich ist es das »vernünftigere«. Es kann daher nicht oft genug betont werden: Achten Sie darauf, dass Sie bei einem Streit am Ende immer eine Win-win-Situation haben, bei der beide Seiten zu ihrem Recht kommen. Demokratische Abstimmungen erzeugen in der Regel Frust. Wenn es nicht anders geht, sollten wir zumindest aussprechen, dass der Frust auch legitim ist. Wir fahren grundsätzlich besser damit, bei den Kindern immer von einer guten Absicht auszugehen, niemals von Bosheit. Denn Kinder kooperieren. Wenn wir ihnen unterstellen, uns bewusst ärgern zu wollen, werden sie im negativen Sinne kooperieren und genau das tun. Wir sagen stattdessen also besser: »Ich glaube nicht, dass dein Bruder dir absichtlich wehgetan hat.« Oder: »Puh, das war wirklich gemein. Ich glaube, deiner Schwester geht es nicht gut, denn sie kann auch ganz anders sein, ich weiß das!« Damit stellen wir klar: Jeder macht mal etwas Verletzendes, deshalb ist aber noch niemand ein grundsätzlich schlechter Mensch.

Was wir auf jeden Fall vermeiden müssen, ist Scham. Scham ist für die Gehirnentwicklung sehr schlecht. Wenn ein Kind den Schluss zieht: »Mit mir ist etwas falsch«, hat das lebenslang negative Auswirkungen.

Wir schauen daher mit Liebe auf unsere Kinder und arbeiten immer mit ihnen, nie gegen sie. Und wir gehen stets davon aus, dass sie mit uns arbeiten wollen, nicht gegen uns. Sie müssen nur lernen, ihre starken Gefühle auf eine Weise zu zeigen und auszuleben, die niemandem wehtut.

Wenn die Kinder sich wirklich mit Worten oder Taten verletzen oder zu verletzen drohen, dann greifen wir also ein und trennen sie. Wir können das auch transparent machen: »Ich glaube, dass ihr euch gleich richtig wehtun werdet, das wird hier zu wild. Deshalb geht jetzt jeder in ein anderes Zimmer / wir gehen alle raus / jeder geht erst mal in sein Zimmer. Und wir klären das später.« Wenn sich die Lage beruhigt hat, besprechen wir mit den Kindern, was vorgefallen ist, und gehen weiter vor wie oben beschrieben, beziehungsweise wir verhalten uns so, wie es weiter unten in diesem Abschnitt noch beschrieben wird.

Nicht einzugreifen ist absolut keine Option. So sehen es auch Adele Faber und Elaine Mazlish: »Kinder haben einen Anspruch auf Eingriff der Erwachsenen, wenn es notwendig ist. Wenn ein Kind von einem anderen misshandelt wird, sei es körperlich oder mit Worten, müssen wir eingreifen. Wenn es ein Problem gibt, das den ganzen Haushalt stört, müssen wir eingreifen. Wenn es ein Problem gibt, das immer wieder auftritt, das auf die Lösungswege der Kinder nicht anspricht, müssen wir eingreifen.«[96]

Das Problem ist: Strafen helfen nachweislich nicht. Auch wenn der Impuls, ein aggressives Kind zu maßregeln, noch so stark sein sollte, das passende Mantra heißt: »Sei zu einem aggressiven Kind niemals aggressiv.« Denn sonst lernt es genau das: Aggression.

Besonders wenn wir unser stärkeres Kind dafür bestrafen, dass es das schwächere angegriffen hat, produzieren wir in der Zukunft aggressiveren Streit. Wut staut sich auf und kann sich nicht entladen. Die Kinder können sie aber auch nicht unterdrücken – der nächste Streit ist schon vorbereitet.

Wir müssen also zuerst einmal selbst lernen, durchzuatmen und abzuwarten, bis sich unser eigener Impuls gelegt hat, und erst dann zu sprechen oder zu handeln.

Am besten helfen daher präventive Maßnahmen – vor allem für uns Eltern. Wenn die Kinder viel streiten, geraten wir schnell in einen Zustand ständiger Alarmbereitschaft, der Kräfte zehrt und dazu führt, dass wir eher impulsiv statt überlegt handeln. Also sorgen wir als Erstes für uns selbst: ausreichend Schlaf, ausreichend Pausen, in den nächsten zwei Wochen nur noch die notwendigsten Termine, bis wir die Situation wieder entschärft haben.

Als nächsten Schritt müssen wir uns die Kinder ansehen: Wenn ein Kind immer wieder sein Geschwister angreift und drangsaliert, dann ist die Wahrscheinlichkeit groß, dass dieses Kind selbst in Not ist. Hat es genug Zeit mit seinen Eltern allein? Wie läuft es in der Betreuung, im Kindergarten, in der Schule? Hat das Kind genug Pausen? Bekommt es genug Liebe, und kann es noch mehr bekommen (immer die erste und allerbeste Maßnahme)?

Unser Kind kann sich nicht regulieren, weil es nicht in Balance ist. Wenn es aber nicht in Balance und dysreguliert ist, sein Gehirn also im Stressmodus, können wir auch keine Vernunft erwarten und ihm nichts beibringen. Wir müssen also einerseits die Angriffe stoppen, andererseits aber so schnell wie möglich herausfinden, was unser Kind aus der Balance gebracht hat, und schauen, wie wir ihm helfen können.

Und was tun, wenn das Kleinkind mal wieder vom Größeren mit dem Klangholz eins auf den Kopf bekommen hat? Aggressionen bei Kindern bis ins Grundschulalter legen sich sehr gut mit folgenden Maßnahmen:

- Stoppen Sie grundsätzlich jedes Schlagen, Beißen oder Kratzen: »Halt, das tut weh, nicht schlagen!«
- Wenn Sie es schon gefühlte hundert Male erklärt haben, unterbinden Sie das Verhalten, sagen Sie aber nichts mehr

dazu. Die Kinder wissen ohnehin, was die Regel ist, und so geben Sie keine weitere Energie in das System.

- Bleiben Sie bei Ihrem Kind, bis es sich beruhigt hat, spiegeln Sie es, und lassen Sie es erzählen, was es geärgert hat.
- Klären Sie, was das Kind will oder braucht: »Willst du mit ihr spielen? Hast du dich geärgert? Willst du allein sein?«, und seien Sie offen für seine Bedürfnisse.
- Helfen Sie den Kindern, die Situation zu lösen, und stehen Sie besonders Kleinkindern voll zur Verfügung, wenn sie zum Beispiel Aufmerksamkeit oder einen anderen Spielpartner brauchen.
- Verbringen Sie mit jedem Kind – besonders mit dem »Aggressor« – 1-zu-1-Zeit, am besten fünfzehn Minuten täglich, mindestens jedoch eine Stunde wöchentlich, im Idealfall immer zur gleichen Zeit, damit das Kind sich darauf freuen kann.
- Machen Sie jedem Kind klar, dass es geliebt ist, dass alle gemeinsam lernen, mit diesen Situationen besser umzugehen, dass wir jeden Tag neu starten und eine Familie sind.

Eine besonders ausgeprägte Form des Streits ist echte Geschwisterrivalität. Wir sprechen hier über eine Form der Konkurrenz zwischen Geschwistern, die gekennzeichnet ist von Neid und Eifersucht bis hin zu Missgunst und Hass in späteren Jahren. Forscher beobachten sie, wie gesagt, vor allem zwischen dem ersten und zweiten Kind, gleichgeschlechtlichen Kindern oder Zwillingen. Allerdings spielen die Dynamiken in der Familie hier eine wichtige Rolle. Absoluter Garant für Geschwisterrivalität, auch das kann nicht oft genug wiederholt werden, sind Vergleiche: »Dein Bruder malt aber wirklich schon besser als du!« Oder: »Schau mal, wie mutig deine Schwester da raufklettert!«

Eine interessante Perspektive auf den Streit unter Geschwistern hat der Psychologe Izzy Kalman, der seit 1978 in Schulen und seiner Praxis zum Thema »Mobbing« arbeitet. Er schreibt in einem Artikel für *Psychology Today*[97] über Mobbing unter Geschwistern, die seiner Meinung nach wichtigste Ursache für Feindseligkeiten liege auch bei Geschwistern im sogenannten Drama-Dreieck, das von dem kalifornischen Psychologen Stephen Karpman entwickelt wurde. Im Drama-Dreieck gibt es immer einen Täter (Tim), der einem Opfer etwas antut (seine Schwester Elsa haut). Wenn jetzt der Retter (Mama) kommt und den Täter straft (Mama schimpft mit Tim), wird Tim zum Opfer (er wurde ausgeschimpft) und wendet sich nicht nur gegen seine Schwester, sondern auch gegen seine Mutter (er ist sauer und verletzt). Elsa hat einen Sieg errungen und wird später nun ihrerseits zum Täter (sie wird wieder Streitigkeiten provozieren, um dies zu wiederholen). Tim hingegen wird ebenfalls wieder zum Täter werden und neuen Streit provozieren, bei dem diesmal endlich Elsa ausgeschimpft wird (zum Beispiel wird er sie so lange provozieren, bis sie etwas von ihm kaputtmacht, und dann Mama rufen). Am Ende wird die Mutter zum Opfer – weil sie mit den Nerven völlig am Ende ist, womit die Kinder zu Tätern werden. Dieser Kreislauf lässt sich endlos aufrechterhalten. Wie bricht man aus?

Das »Opfer« muss lernen, aktiv zu werden und »Stopp!« zu sagen. Der »Retter« soll nur so weit unterstützen, wie das Opfer Hilfe braucht, um sich selbst zu helfen. Ansonsten gilt der Grundsatz: »Ich weiß, dass ihr das selbst regeln könnt. Was braucht ihr von mir dazu?« Der Täter muss verstehen können, was er getan hat, und sich dazu äußern oder es wiedergutmachen können – dann kann das Opfer ihm verzeihen, und der Retter kann sich wieder zurückziehen.

### *Wenn das Kleinkind massiv stänkert*

Kommen wir noch einmal zurück zu den Kleinkindern unter drei Jahren. Viele von ihnen haben eine Phase, in der sie hauen, beißen, kratzen oder Gegenstände zerstören. Hier hilft alles Erklären und Schimpfen nichts – das Kind ist zu klein für unsere Vorträge über Empathie, Familienregeln oder Konfliktlösung. Wir müssen uns wieder vor allem anschauen, was das Bedürfnis hinter dem Verhalten ist. Das kann sein:

- Das Kleinkind will Kontakt, weiß aber nicht, wie es ihn herstellen soll, und versucht es mit einem direkten Angriff. Wir halten das Kleinkind auf und fassen in Worte, was passiert: »Stopp, nicht beißen. Du willst mit deinem Bruder spielen? Dann sag ihm das, oder bring gleich ein Spielzeug mit! Komm, wir holen etwas.«
- Das Kleinkind ist gelangweilt oder unzufrieden, müde oder hungrig und schlägt oder beißt. Wir stoppen das Kleinkind und finden heraus, was es braucht: Essen, Mittagsschlaf, Kuscheln mit Mama oder Papa, ein bisschen Raufen oder eine andere Beschäftigung.
- Das Kleinkind ist frustriert, weil das große Kind nicht mit ihm spielen will, weil es das Kleine ärgert, ihm immer zeigt, dass es noch klein ist, und so weiter. Sprechen Sie mit beiden Kindern, am besten in einer ruhigen Minute: »Ihr seid beide ganz schön sauer, ich sehe das.« Sprechen Sie an, dass das große Kind genervt ist und dies erlaubt ist. Sprechen Sie mit dem kleinen Kind, dass es frustriert ist und es das mit Worten ausdrücken soll. Und dann überlegen Sie gemeinsam: »Was können wir tun, um die Situation zu verbessern?« Je älter das große Kind ist, desto mehr kann man es einbezie-

hen, aber auch kleine Kinder können oft sagen oder zeigen, was sie brauchen. Und häufig hilft es den Kindern einfach, dass sie gehört werden.

- Das Kleinkind braucht mehr 1-zu-1-Zeit. Der Klassiker, aber es kommt einfach so oft vor! Wenn wir uns darum bemühen, dass das große Kind nicht zu kurz kommt, kann es geschehen, dass das kleine Kind sich eben zurückgesetzt fühlt. Oft hilft es, ihm fünf bis zehn Minuten 1-zu-1-Zeit zu geben. Die Kleinen können oft noch nicht gut warten, daher kann es sinnvoll sein, erst zehn Minuten mit dem Kleinen zu spielen und dann mit dem Großen die Geburtstagseinladungen zu basteln oder Hausaufgaben zu machen. Im Idealfall schaffen wir es, das Kleine zu beschäftigen, sodass es einerseits mitmachen kann, andererseits aber nicht die Arbeit des Großen zu sehr stört.

### Neun Regeln für ständigen Geschwisterstreit – eine Anleitung für einen möglichst stressigen Alltag[98]

1. Halten Sie sich aus den Konflikten Ihrer Kinder entweder ganz heraus, oder stürmen Sie beim leisesten Geräusch das Kinderzimmer – im Idealfall wechseln Sie alle paar Wochen ohne nachvollziehbare Gründe zwischen den beiden Strategien.
2. Entscheiden und verändern Sie Familienregeln willkürlich, situationsabhängig und ohne Absprache mit den anderen Beteiligten.
3. Vergleichen Sie die Kinder bei jeder Gelegenheit: »Dein Bruder malt aber viel besser als du!« Oder: »Wärst du doch nur so ordentlich wie deine Schwester.« Fordern Sie Reife: »Du bist doch schon groß«, »Der Klügere gibt nach«, und legen Sie die Kinder auf Rollen fest: »Mein

Vernünftiger«, »Du Rabauke« – dann haben die Kinder eine Aufgabe fürs Leben.

4. Verhängen Sie bei jeder Gelegenheit Strafen wie Auszeiten, »stille Treppe«, Hausarrest und Fernsehverbot, das fördert Wut und Rachegefühle am zuverlässigsten.
5. Stellen Sie stets die Schuldfrage: »Wer war das?«, und entscheiden Sie dann unabhängig von den Antworten völlig willkürlich, welches Kind recht hat, das begehrte Spielzeug oder eine Strafe bekommt.
6. Stellen Sie Regelbrecher immer vor allen anderen zur Rede, werden Sie in jedem Fall persönlich in Ihren Aussagen, beginnen Sie jeden Satz mit »Du«, gefolgt von feststehenden negativen Eigenschaften der Kinder, die Sie bereits identifiziert haben.
7. Verwenden Sie die Wörter »immer«, »nie« und »schon wieder«, sooft Sie können.
8. Sorgen Sie in Verhandlungen, wenn notwendig, mit der Kraft Ihrer Autorität dafür, dass die Kinder der elterlichen Lösung des Streits schnell zustimmen, auch wenn man in den Gesichtern sieht, dass keiner zufrieden ist. So stellen Sie sicher, dass, kaum haben Sie das Zimmer verlassen, sich der Frust wieder Bahn brechen kann.
9. Spielen Sie auf keinen Fall mit einem Kind allein, und bekommen Sie möglichst viele Kinder in möglichst kurzem Abstand, damit Sie immer einige Kandidaten mit noch nicht entwickelter Empathie, aber starkem Ich-Bewusstsein im Haus haben.[99]

## Spiele als Konfliktlösung

Auch beim Geschwisterstreit können wir Spiele als Konfliktlösung einsetzen:

- Zwei Kinder streiten sich um eine Tasse, ein Spielzeug oder ein Kuscheltier? Wir schnappen uns das begehrte Besitztum und rennen davon, möglichst tollpatschig, und fordern die Kinder heraus: »Ich hab ihn, ich hab ihn – jaha! Ach, ich wette, ihr schafft es nicht, mir dieses Stück Lego abzunehmen! Das ist der schönste Lego-Stein im ganzen Haus! Den leg ich in die Bank in den Tresor!« Dann lassen Sie sich möglichst theatralisch von den Kindern gemeinsam überwältigen. Wichtig ist dabei zu kommunizieren, dass es sich um ein Spiel handelt und Sie sich nicht über die Kinder lustig machen. Und signalisieren Sie ganz deutlich, dass die Kinder Sie nur als Team überwältigen können.
- Zwei Kinder streiten sich um einen Stuhl? Dann seien Sie doch mal derjenige, der sich auf den Boden wirft und herzzerreißend schimpft und weint, weil Sie ja sowieso nie auf den Kinderstuhl dürfen! Wenn die Kinder es Ihnen anbieten, versuchen Sie möglichst ungeschickt, auch mal in den Stuhl zu kommen, bitten Sie die Kinder, Ihnen zu helfen, und schauen Sie Ihren Kindern dabei zu, wie die sich vor Lachen bei Ihren ungeschickten Versuchen mit dem Stuhl krümmen.
- Zwei Kinder streiten sich immer wieder zu einem bestimmten Anlass? Dann fangen Sie mal ein Abendessen damit an, zu sagen, dass jetzt Streitzeit sei und die Kinder sich nun bitte zanken mögen. Bieten Sie alles Mögliche an, worum man sich streiten könnte, bieten Sie immer etwas Neues an, sodass die Kinder, selbst wenn sie streiten, gar nicht nach-

kommen, feuern Sie sie an, schneller zu streiten, seien Sie ein Regisseur, der seinen Schauspielern erklärt, wie sie noch besser, noch lustiger streiten können, machen Sie es vor – und haben Sie ein Abendessen mit kichernden, entspannten Kindern statt gestressten Abendwahnsinn.

- Oder die Kinder streiten immer im Auto? Dann setzen Sie neue Regeln: Ohne Streit können Sie nicht Auto fahren. Die Kinder müssen sich zoffen, sonst fahren Sie nicht los, der Motor funktioniert nur mit Streit. Passen Sie aber auf, dass Sie nicht selbst mehr lachen, als im Straßenverkehr sicher ist!
- Ein großes Kind geht auf ein kleines Kind los, drängelt, schubst? Dann bieten wir im Idealfall eine Kissenschlacht oder einen kleinen Showkampf an, damit die Energie rauskann. »Hey, du hast ja heute Energie, kannst du mich auch mal von der Tür wegdrängen?« Und dann gehen Sie körperlich, aber sanft in den Kontakt. Die Kinder können es auch zusammen versuchen, schneller, stärker oder vor Ihnen im Auto zu sein, Sie umzuwerfen et cetera. Lassen Sie sich wieder möglichst lautstark, protestierend und theatralisch am Ende überwältigen – auch wenn es »nur Spaß« ist, die Kinder brauchen manchmal einfach diesen Gewinn.
- Ein Kind stört immer, wenn das kleinere versorgt (gestillt, gewickelt und so weiter) wird? Dann versuchen wir es doch mal mit einem Regressionsspiel. Statt die Karte »Du bist doch schon groß« zu spielen, tun wir so, als würden wir auch das große Kind wickeln, stillen, baden. Im Idealfall bieten wir das ohne Nachfrage des Kindes so oft an, bis das Bedürfnis befriedigt ist. Häufig erledigen sich diese Probleme von selbst, wenn die Großen noch mal klein sein dürfen.

**Spielen Sie präventiv!**

Im artgerecht-Kalender[100] gibt es ein Mantra, das lautet: »Präventiv spielen.« Es soll uns daran erinnern, dass wir uns mit unseren Kindern verbinden sollten, lange bevor sie uns mit Streit darauf aufmerksam machen, dass sie uns brauchen. Im Alltag ist es unvermeidlich, dass wir die Verbindung mal verlieren – es gibt so viel zu tun, zu bedenken, zu organisieren, an manchen Tagen sind wir viel mit uns selbst oder unserem Partner, der Wohnung oder anderem beschäftigt. Wenn wir aber wollen, dass unsere Kinder sich gut vertragen, dann ist es an uns, eine entspannte Atmosphäre zu schaffen. Streiten die Kinder zum Beispiel immer beim Abendessen, dann kann ich vorher mit ihnen noch zehn Minuten an der frischen Luft Fangen spielen oder im Schlafzimmer noch fix eine Kissenschlacht – Kinder gegen Eltern! – veranstalten. Damit haben die Kinder ein Ventil für ihre Kraft, sie sind ein Team, sie können gegen die Eltern gewinnen, wenn sie zusammenhalten, es wird gelacht und herumgealbert. Wenn wir es schaffen, diese Art von Entspannung regelmäßig in unseren Tag einzubauen, sind wir viele Streitereien los.

Bei meiner letzten Lesung fragte mich eine Mutter: »Konnten Sie das denn immer schon von Anfang an alles, Frau Schmidt?« Meine Antwort: »Nein, natürlich nicht!« Wir müssen es gar nicht können. Aber wir können es lernen – es braucht nur etwas Übung, und die Kinder werden es dann bei uns abschauen.

In einer Studie mit Kindern von dreieinhalb bis elf Jahren hat man Eltern in Konfliktvermittlungstechnik, also Mediation, geschult (das generelle Konzept wurde dafür ein wenig angepasst auf die Familiensituation). Eine Kontrollgruppe erhielt keine Mediationsschulung. Zu drei Zeitpunkten, nämlich drei

Wochen, sieben Wochen und sieben Monate später, haben die Forscher Konflikte in den Familien auf Video aufgezeichnet und analysiert. Es zeigte sich: Die Eltern aus der Schulung hatten sich die Techniken zur Vermittlung in Konflikten gemerkt und erfolgreich angewandt! Sie sprachen mehr als die Kontrollgruppe mit den Kindern über deren Gefühle, schimpften weniger über alte Vergehen der Kinder und schlugen ihnen Lösungen vor. Die Kinder sprangen offenbar begeistert auf den Zug auf: Sie lernten ebenfalls, fragten ihre Geschwister häufiger, wie man denn diesen Konflikt hier wohl lösen könnte, entwickelten Ideen und diskutierten über ihre eigenen Gefühle und die ihres Gegenparts. Besonders profitierten die jüngeren Geschwister: Sie sprachen häufiger mit ihren älteren Geschwistern über ihre Gefühle und Belange, sodass das kleine Kind bekam, was es brauchte.[101]

Veränderung ist also möglich – und sie liegt in unserer Hand.

## Jedes Kind ist anders

Was Konflikte angeht, haben wir es natürlich mit unterschiedlichen Temperamenten zu tun. Manche Kinder brauchen einfach länger, um Selbstregulation zu lernen. Sie hauen ihre Geschwister noch sehr lange, während in der Nachbarsfamilie schon alles friedlich abläuft. Dann ist es wichtig, dass wir als Eltern darauf achten, wie die Entwicklung verläuft. Wird es weniger, besser, seltener? Dann ist alles gut. Manchmal wird es auch Rückschritte unter den Kindern geben, wenn auf anderen Feldern viel passiert. Das ist normal und kein Grund zur Sorge. Bleiben Sie beharrlich bei Ihren Konfliktlösungsstrategien, und warten Sie ab.

Wir sollten jedoch nicht nur auf den Geschwisterstreit schauen. Wenn ein Kind darüber hinaus auf anderen Gebieten ständige Konflikte mit den Eltern hat, kommt es auch eher zu Reibereien mit Geschwistern.

Vor allem Erstgeborene sind dafür anfällig: Sie sind die »Großen«, sie sollen vernünftig sein, helfen, keinen Ärger machen. Dabei brauchen gerade sie immer wieder die Versicherung, bedingungslos geliebt zu werden. Wenn es zum Beispiel beim Zähneputzen, Anziehen oder Essen immer wieder zum Streit kommt, dann sollten wir überprüfen, ob das Kind zu wenig Aufmerksamkeit erhält, ob es Verständnis für eine schwierige Phase braucht oder mehr Freiheiten. So ernten wir am Ende einen friedlicheren Alltag auch in diesen Punkten – und weniger Geschwisterstreit.

Es passiert immer wieder mal, dass ein Kind benachteiligt wird, weil die Situation gerade im Allgemeinen oder im Speziellen schwierig ist. Wird uns dies bewusst, können wir neue Vereinbarungen treffen, diesem Kind besondere Freuden bereiten, mit ihm exklusiv Zeit verbringen oder viel mit ihm kuscheln – was immer der Beziehung guttut. Wenn die Beziehung bereinigt ist, erledigen sich viele andere Konflikte von selbst – auch die mit den Geschwistern.

## Das sagt die Wissenschaft

**Strafen machen aggressiv.** Falls wir den Impuls verspüren, das große Kind nicht mit zum Ausflug zu nehmen, weil es sein kleines Geschwister geärgert hat, dann sollten wir an eine Studie aus dem Jahr 1988 denken. Die Forscher Richard Felson und Natalie Russo von der State University New York at Albany stellten die Hypothese auf, dass eingreifende Erwachsene in

Konflikten das schwächere Kind unterstützen und dadurch Unfrieden säen. Bei ihrer Untersuchung von fast dreihundert Kindern sprachen sie mit Kindern und den Eltern jeweils einzeln. Sie stellten fest, dass es in der Tat zu aggressiveren Streiten in den Familien kam, in denen das stärkere Kind für Streite bestraft wurde. Dabei spielte es keine Rolle, ob der Aggressor ein Mädchen oder ein Junge war – Schwestern, die bestraft werden, sind genauso aggressiv gegenüber ihren Geschwistern wie Brüder.[102] Wir wissen bereits aus der Theorie des sozialen Lernens, wie Strafen dazu führen, dass Kinder die strafenden Eltern nachahmen – und so mehr Aggression entsteht. Wenn das ohnehin stärkere Kind lernt, dass Konflikte mit Aggression und Strafen ausgetragen werden, wird es dieses Verhalten imitieren, und das schwächere Kind wird es abbekommen. Die gute Seite der »Vorbildfunktion«: Wenn wir Kindern immer wieder vormachen, wie man Situationen deeskaliert, wie man empathisch und doch klar reagieren kann, wie man Konflikte in Win-win-Situationen auflöst und wie man einander zuhört, ahmen sie auf Dauer auch dieses Verhalten nach.

**Auch Große sind noch klein.** Wir Eltern müssen gut hinschauen, wenn wir unser zweites Kind bekommen. Mütter tendieren Studien zufolge dazu, mit ihren Erstgeborenen im Vorschulalter weniger tolerant und unterstützend zu sein als mit den kleineren Geschwistern. Stattdessen werden die Kinder stärker reglementiert, die Mütter fordern mehr Eigenständigkeit und Leistung und sind den Kindern gegenüber unberechenbarer in ihrem Verhalten. Sie ermutigen ihre erstgeborenen Kinder auch früher zu Unabhängigkeit, als sie es bei den nachfolgenden Kindern tun. Offenbar erwarten Mütter deutlich mehr von ihren großen Kindern, sobald kleinere Geschwister da sind – besonders wenn das große Kind ein Mädchen ist.[103] Umso wichtiger ist es, sich immer wieder in

Erinnerung zu rufen, dass auch das »große« Kind noch klein ist – oft ist es ja kaum zwei oder drei Jahre älter als das »kleine« und somit noch weit davon entfernt, ausgereift zu sein.

**Liebe hilft immer.** Ganz egal, welches Temperament die Kinder haben – am Ende machen wir Eltern vor, wie sie ihre Konflikte lösen. Und je mehr wir einem emotional und körperlich eher aufbrausenden Geschwisterkind unsere Liebe zeigen, desto besser wird seine Beziehung zu seinen Geschwistern sein.[104] Grundsätzlich gilt: Je konstruktiver in der Familie gestritten wird, desto weniger Aggression gibt es zwischen den Geschwistern. Wenn Eltern selbst aggressiv miteinander umgehen oder streiten, erzeugt dies Stress bei den Kindern und ist gleichzeitig ein negatives Vorbild für deren eigene Konfliktlösungsstrategien.

**Wegschauen hilft nicht.** Wenn Eltern in Hörweite sind, bei Konflikten aber nicht eingreifen, führt das zu aggressiverem Verhalten, auch wenn die Eltern so tun, als würden sie es gar nicht mitkriegen.[105] Die Ursache liegt wahrscheinlich darin, dass die Kinder genau das wissen: Ich kann mich aggressiv um meine Interessen kümmern, niemand greift ein. Gleichzeitig sinkt die Häufigkeit der Konflikte. Allerdings liegt das nicht daran, dass die Kinder gelernt haben, ihre Interessen untereinander auszugleichen. Es liegt dran, dass das schwächere Kind weiß, dass es sich ohne Hilfe ohnehin nicht durchsetzen kann, und daher eher zurückweicht, aufgibt oder herunterschluckt, was es nicht ändern kann. Langfristig bildet sich so jedoch eine negative Geschwisterbeziehung. In der Literatur finden wir immer wieder solche Geschichten von unterdrücktem Groll des schwächeren Geschwisterchens, das noch als Erwachsener unter dieser Situation leidet.

**Bitte atmen Sie jetzt.** Wenn wir tief atmen und uns kurz auf unseren Körper besinnen, können wir in stressigen Situationen besser reagieren. Wir schalten dabei unser Gehirn von »Gefahr« auf »Ruhe« und können wieder denken. Das Schöne ist: Es reichen fünf tiefe Atemzüge. Und es wird immer einfacher, je öfter wir es tun. Die Forschung kann zwar bisher nur zeigen, dass Atmen, Meditation und Achtsamkeit grundsätzlich helfen, und noch nicht, wie viel und wie ganz genau es hilft. Aber das macht nichts – im Alltag brauchen wir nur das, was funktioniert. Warum es funktioniert, darf uns egal sein.[106]

## Falsche Erwartungen

### Die Kinder regeln das allein!

Nein, tun sie nicht. Wir sehen in Studien, dass Kinder, die ihre Konflikte komplett selbst lösen sollen, sich eher noch mehr streiten. Sie brauchen die Hilfe von anderen, den Eltern, den Großeltern oder auch Freunden oder Begleitern, wie sie sich regulieren können und wie sie Konflikte lösen. Es hilft den Kindern natürlich sehr, wenn sie sehen, wie Erwachsene in ihrem Umfeld Konflikte friedlich lösen, sich vertragen, trösten und Kompromisse finden.

### Er liebt das Baby, die streiten sicher nie!

In der ersten Phase der Geschwisterbeziehung läuft es oft am einfachsten. Ein kleines süßes Baby verströmt Pheromone und Bindungsangebote, es ist einfach süß und niedlich; und solange es Mama nicht zu sehr belagert, können viele Geschwister damit gut umgehen. Genießen Sie es, und nutzen Sie die Zeit, eine gute Bindung zwischen den Geschwistern aufzubauen (siehe das Kapitel »Wie Eltern die verschiedenen Phasen der Geschwisterbeziehung nutzen können«). Seien Sie dann entspannt, wenn es nach dem sechsten oder zwölften Monat schwieriger wird, weil die Nummer zwei anfängt, mühsam aufgebaute Spielwelten zu zerlegen.

### Aber meine Kinder streiten nicht?!

Freuen Sie sich! Wenn Sie zum Beispiel eine sehr ausgeglichene große Schwester und einen kleinen Bruder mit einem einfachen Temperament haben, dann gibt es unter Umständen sehr wenig Streit. Oder sie haben zwei Mädchen, die sehr nah aneinander sind und die ersten Babyjahre schon hinter sich haben, auch hier kann es sehr harmonisch ablaufen. Wir reparieren nichts, was nicht kaputt ist. Wenn Kinder allerdings gar nicht streiten, also alle Auseinandersetzungen vermeiden, dann können wir mal ein wenig genauer hinsehen, ob eine Konfliktvermeidung der Kinder dahintersteckt, die noch weitere Ursachen hat.

### Streng, aber gerecht – dann geht das!

Wir können natürlich über Strenge die Konflikte der Kinder beenden. Vielleicht enden sie dann sogar tatsächlich. Wahrscheinlicher ist es, dass wir sie entscheiden und damit immer einen Verlierer und einen Gewinner erzeugen. Damit ist der nächste Streit programmiert. Doch selbst wenn wir es schaffen sollten, auch aus Sicht der Kinder gerecht zu handeln, lernen sie auf diese Weise nicht, ihre Konflikte ohne uns zu lösen. Das aber müssen sie lernen – für jetzt und ihr ganzes Leben. Daher ist es nachhaltiger, in die Empathie und Kompromissfindung der Kinder Zeit zu investieren, wann immer uns das möglich ist. Wenn es mal nicht geht – macht nichts, nächstes Mal klappt's dann wieder.

### Mach es richtig, und sie streiten nie!

Ja, es gibt Geschwister, die wirklich wenig streiten. Aber die meisten kriegen sich immer mal in die Wolle. Das muss auch sein, sie müssen es ja üben. Wenn wir jeden Streit als Lernfeld betrachten, in dem wir den Kindern etwas fürs Leben mitgeben können, dann sehen wir die Streite viel positiver. Denn wir können sie nicht weghexen, aber sie nutzen.

# Wie Geschwister lernen, zu sich selbst zu finden

## Der fünfte Baustein

*»Gnôthi seautón.« – »Erkenne dich selbst!«*

INSCHRIFT AM APOLLOTEMPEL VON DELPHI

### »Er ist halt so« – Was Kinder wirklich mitbringen

Wann ein Kind weiß, dass es ein kleiner Mensch ist, kann mit einem Lichtschalter losgehen. Denn mit etwa anderthalb Jahren nehmen Kinder sich in unserer Gesellschaft wahrscheinlich erstmals selbst wahr. Sie können zum Beispiel ganz allein das Licht an- und ausknipsen – etwas in der Welt bewirken, was nur sie gerade gemacht haben! –, sich die Schuhe ausziehen oder Nein sagen (beziehungsweise den Kopf schütteln). Sie machen lustige kleine, oft soziale Experimente (»Wenn ich dich haue, schreist du dann?«), um festzustellen, was sie alles können, und stellen fest, dass sie manchmal andere Interessen haben als die Menschen in ihrem Umfeld. Ein »Ich«-Gefühl entsteht. Die Kinder lösen sich von ihrer primären Bezugsperson. Jetzt wird es anstrengend, denn sie sind nun nicht mehr willliger Spielpartner ihrer Geschwister, sondern haben eigene Pläne. Das ist auch wichtig – aber neu für alle Beteiligten.

Als Eltern ist es unsere Aufgabe, jedem Kind das zu geben, was es braucht. Wir müssen also genau hinsehen: Wer ist dieses Kind? Wie ist es? Was braucht es?

Es stimmt, Kinder sind kein weißes Blatt, wenn sie geboren werden, sie bringen gewisse Anlagen mit auf die Welt. Ein ruhiges oder wildes Temperament, ein musisches oder mathematisches Talent, eine visuelle oder eher handwerkliche Neigung. Aber wir können viel dafür tun, wie es sich mit seinen Anlagen entwickelt. Die Debatte, ob Anlage oder Umwelt für die weitere Entwicklung ausschlaggebend sind, ist noch längst nicht entschieden.

Wenn man Geschwister analysiert, stellt man fest, dass sie genau so unterschiedlich sein können wie zwei beliebig ausgesuchte Kinder auf dem Spielplatz. Das liegt, wie gesagt, daran, dass sich ihre Persönlichkeit eine Art ökologische Nische in der Familie sucht, in der sie sich ungestört entwickeln kann. Daher gibt es in Familien oft konträre Charaktere, ruhige und wilde, laute und leise Kinder.

Ich finde es wichtig zu sehen, dass die verschiedenen Persönlichkeiten alle ihre Berechtigung haben. Wir sollten uns vor Augen halten, dass manche Charaktere, zum Beispiel unruhige, umherschweifende Außenseiter oder sehr laute, wilde, körperlich aktive Kinder, in unserer Welt keinen richtigen Platz mehr haben. Aber in der Welt, in der der Homo sapiens sich in den vergangenen 100 000 Jahren entwickelt hat, hatten alle Menschen eine Aufgabe. Die Unruhigen, Neugierigen waren die Kundschafter oder Scouts, die neue Gebiete erforschten. Andere waren eher direkte Persönlichkeiten, natürliche Führer, die der Gruppe eine Richtung gaben. Wieder andere waren einfühlsam und nährend, sie kümmerten sich um das Wohlbefinden der Familien. Und solche Persönlichkeitsmerkmale sind nicht nach Geschlecht festgelegt, auch wenn das allgemein gern so geglaubt wird.

TIPP

**Jedes Kind hat seinen Platz**

Wir sollten uns immer wieder klarmachen, dass all unsere Kinder wunderbar sind, so wie sie sind, und einen Platz auf dieser Welt haben, der genau zu ihnen passt.

## Jedem Kind seine eigenen Räume geben – egal, wie wir wohnen

Wenn wir mit den Kindern im Wald sind, stellen wir sehr schnell fest, wie viele eigene Räume so ein natürliches Habitat bietet: Da spielt ein Kind versonnen auf einem großen Stein mit Blumen, ein anderes sitzt im Baum und schaut den Vögeln zu, ein drittes buddelt im Boden, und ein viertes rührt mit einem Stock in einer Pfütze. In unserer Welt der Wohnungen, Häuser, Vorgärten und Schulen müssen wir darauf achten, dass die Kinder ebenfalls ihre eigenen Räume finden, in denen sie sein können.

Viele Geschwister haben gemeinsame Zimmer, und Eltern fragen mich, ob nicht jedes Kind ein eigenes braucht. Die Antwort darauf können aber nur die Eltern und Kinder selbst geben. Manche Geschwister brauchen die Sicherheit des anderen, vor allem nachts. Andere brauchen den Abstand.

Wenn wir keine Möglichkeit haben, jedem Kind ein Zimmer zu geben, dann können wir trotzdem eigene Räume schaffen:

- Jedes Kind kann eigene Kisten, Regale oder Körbe mit seinen Sachen haben.
- Jedes Kind kann im Zimmer einen eigenen Ort haben, an den es sich gegebenenfalls zurückzieht.
- Jedes Kind kann einen eigenen Schrank oder eine eigene Schublade im gemeinsamen Schrank bekommen.
- Jedes Kind kann eigene Freunde haben und das Recht, allein mit ihnen zu spielen.
- Jedes Kind kann eigenen Aktivitäten nachgehen – auch wenn es bequemer ist, alle gemeinsam zum Klavierunterricht und zum Karatekurs zu bringen. Achten Sie darauf, dass jedes Kind das macht, was es wirklich will, und dabei auch mal für sich sein kann.

Wir müssen den Kindern auch zugestehen, dass sie ruhige Momente haben, in denen sie sich in Fantasiewelten begeben können. Lassen Sie nicht zu, dass eine der Schwestern der anderen erklärt, ihr eingebildeter Freund sei ja »nur Quatsch«. Die Regel sollte sein, dass jeder seine Räume haben darf und alle das respektieren. Es muss möglich sein, sich zum Lesen, Malen oder Schreiben zurückzuziehen. Schaffen Sie ruhige Plätze oder Zeiträume in ihrem Alltag, in denen die Kinder zu sich selbst finden können.

Interessanterweise schlafen viele Geschwister trotz allem übrigens gern im selben Zimmer, im selben Bett oder sogar auf der derselben großen Matratze (wenn sie nicht mehr bei den Eltern schlafen). Bieten Sie das an, und schauen Sie, ob die Nähe eines vertrauten Menschen die Nächte ruhiger macht. Wenn Sie es erst üben wollen, fangen Sie vielleicht in den Ferien in einem Zelt oder in der Ferienwohnung damit an.

## Wie Sprache unseren Kindern helfen kann

Es fängt damit an, wie wir mit unseren Kindern sprechen. Wenn ein kleines Kind etwas sagt und wir nichts verstehen, können wir, statt es zu korrigieren, einfach mit »Ja? Wirklich? Und dann?« antworten und so das Kind motivieren, weiter zu »sprechen« und sich mitzuteilen. Das ist ein erster Schritt hin zu dem Gefühl, jemand zu sein, dem die anderen zuhören (so lernen die Kinder nachweislich auch besser sprechen) und die eigene innere Welt mitzuteilen. Wenn wir die Kinder korrigieren wollen, machen wir das indirekt: »Ich hab ein Eis mit Oma geesst!« – »Du hast mit Oma ein Eis gegessen? Mit Sahne?« – »Ja, ein Eis mit Sahne gegessen!« – »Hm, lecker!« Und fertig.

Vielleicht will ein Kind Lokomotivführer werden, Walforscher oder Prinzessin. Und wir lassen die Kinder, freuen uns mit ihnen und gehen ihre Fantasiereisen mit, was sie alles Tolles anstellen werden. Wir erklären ihnen weder, dass schon die andere Schwester etwas Ähnliches will (und unserer Meinung nach dafür viel besser geeignet sei), noch, dass es keine Dampflokomotiven mehr gibt, noch, dass die Wale vom Aussterben bedroht sind, noch, dass Prinzessin zu sein ein sterbenslangweiliger Job ist. Wir freuen uns. Wir sagen: »Oh, wirklich? Und wie genau …?« Es klingt banal, aber es geht darum, dass die Kinder ihre Wünsche mitteilen dürfen, ohne beschämt zu werden. Das brauchen sie, um auch später in der Lage zu sein, ihre Wünsche, Gefühle und Gedanken ohne Scham teilen zu können – die Grundlage für ein respektvolles, empathisches Miteinander.

Wir akzeptieren auch entspannt, dass die Kinder im Brustton der Überzeugung erklären, Marienkäfer würden sich von Backsteinen ernähren, der Baum mit den schönen grünen Nadeln sei sicher eine Buche, sie könnten fliegen und wüssten schon prima das Alphabet aufzusagen: »A, B, C, O, Zett!« Wir freuen uns, lächeln, nicken und sind interessiert. Wir sagen auf keinen Fall: »Tom, zeig deiner kleinen Schwester mal, wie das Alphabet richtig lautet!«, denn darum geht es nicht, und damit züchten wir nur Rivalität, Streit und traurige Seelen. Es geht nämlich nicht darum, dass die Kinder alles korrekt sagen, tun oder können. Es geht darum, sie *sein zu lassen*. Jedes kleine Kind lernt irgendwann zählen, aber mit drei, vier, fünf oder gar acht dürfen sie auch noch spielen, träumen, Elfen sehen und sicher sein, dass es ja ganz leicht ist, einen Düsenjet zu fliegen. Wir sollten unseren Kindern nicht ohne Not »die Flügel stutzen«.

Beugen Sie auch in ihrer Sprache Rivalitäten vor, wo immer es geht. Debattieren Sie nicht vor den Kindern darüber, welches Kind zuerst Sprechen, welches zuerst Laufen gelernt hat oder welches in der Grundschule die besseren Noten hatte. Betonen Sie lieber die Einzigartigkeit jedes Kindes: »Du hast immer ›Lokomotative‹ statt ›Lokomotive‹ gesagt, dein Bruder immer ›Ghetti‹ statt ›Spaghetti‹.« Oder: »Du hast schon früh gern gemalt, dein Bruder hat schon früh gern gekocht.« Machen Sie in der Familie klar, dass nicht jeder alles können muss und jeder seine Stärken hat. Gleichzeitig müssen wir Kindern auch den Freiraum geben, sich zu entwickeln (siehe das Kapitel »Wie Eltern die Rollenverteilung verstehen und Problemkinder vermeiden«), und deutlich machen, dass Talente und Neigungen wie Muskeln sind, die jeder entwickeln kann.

## Drei Schritte aus der Lieblingskind-Falle

»Jede Mutter und jeder Vater ist überzeugt davon, dass es richtig ist, jedem Kind die gleiche Liebe zu schenken«, schreibt Jirina Prekop in ihrem Buch *Erstgeborene* darüber, wie schwierig es ist einzusehen, dass Eltern auch Lieblingskinder haben. »Im optimalen Falle lieben Eltern alle ihre Kinder, jedoch nicht alle gleich.«[107] Es gibt schnell Ärger in der Familie, wenn wir ein Kind dem anderen deutlich vorziehen: »Langzeitstudien zeigen negative Folgen für benachteiligte Kinder, ohne dass die Entwicklung des bevorzugten Geschwisters gefördert würde. Aus den Aussagen erwachsener Geschwister geht hervor, dass unter der Bevorzugung eines Kindes die Geschwisterbeziehung gelitten hat; sowohl das begünstigte als auch das benachteiligte Geschwister sehen das so«, schreibt der Psychiater Hans Sohni.[108] Das benachteiligte Kind bekommt nicht die Anerkennung, die es für eine gesunde Entwicklung braucht. Und das bevorzugte Kind »steht unter dem Druck, seine Position verteidigen zu müssen«, und ist der »unvermeidlichen Feindseligkeit seiner Geschwister« ausgesetzt.[109]

Aber wie gehen wir damit um? Wir können unseren Kindern ja schlecht sagen, dass wir Max nun mal mehr lieben als Nele, oder? Was machen wir, wenn Max halt deutlich mehr unseren Wünschen entspricht oder wenn Mila uns so herrlich ähnlich ist und wir so stolz auf sie sind, während Tom uns immer wieder an den verhassten Ex-Mann oder eigenen Bruder erinnert?

Hier drei Schritte, wie Sie Ihren Kindern und sich selbst in solchen Fällen helfen können:

- **Achtsamkeit:** Werden Sie sich darüber klar, dass Sie Ihre Kinder unterschiedlich lieben – unterschiedlich stark, auf unterschiedliche Weise.
- **Akzeptanz:** Seien Sie nachsichtig mit sich – es ist menschlich, unterschiedlichen Menschen unterschiedliche Gefühle entgegenzubringen.
- **Aufmerksamkeit:** Schützen Sie das bevorzugte Kind, das unter dieser Position leidet, indem Sie die Aufmerksamkeit

aller immer wieder darauf lenken, welche guten Eigenschaften und besonderen Talente jedes Mitglied der Familie hat, dass alle unterschiedlich sind und sein dürfen und wie sehr Sie das schätzen. Wir helfen dem am wenigsten bevorzugten Kind, indem wir uns seine guten Eigenschaften immer wieder bewusst vor Augen führen und diese auch unter Erwachsenen aussprechen: »Tom ist aufbrausend und wird wahnsinnig schnell wütend, aber er ist auch unschlagbar darin, sich Spiele auszudenken, kann sich völlig in etwas vertiefen, und ich liebe seine wilden Ideen für unsere Sonntagsplanung.«

## Was Mehrlinge brauchen

Zwillinge, Drillinge – das sind doch die immer gleich gekleideten Kinder, die auch in der Schule noch den gleichen Hobbys nachgehen und die alle Welt damit foppen, dass sie verwechselt werden?

Ja, es sind Kinder, die zur gleichen Zeit geboren wurden. Aber egal, ob sie ein- oder zweieiig sind, es handelt sich um unterschiedliche Menschen. Sie haben ein Recht darauf, verschieden zu sein. Und ab einem bestimmten Alter haben sie auch das Bedürfnis, als einzelne Wesen wahrgenommen zu werden. Das ist gar nicht immer so einfach, denn bis vor Kurzem war es noch gang und gäbe, dass zum Beispiel Zwillinge gleich angezogen waren und immer dieselben Geschenke bekamen. Solange die Kinder das mögen, ist das auch in Ordnung. Eltern sollten nur achtsam hinschauen, was die Kinder wirklich brauchen. Manche Mehrlingspaare möchten ganz viel Nähe und Gleichheit, andere wollen sich schon im Kindergarten lieber voneinander abgrenzen.

Die Therapeutin und Autorin Gundula Göbel sagte mir zum Thema »Zwillinge« in einem Interview: »Es gibt natürlich eine Schnittmenge, die bei Zwillingen größer ist als bei anderen Geschwistern. Wenn wir aber diese Kreise übereinanderlegen, muss jedes Kind ausreichend eigenen Raum haben in dieser Schnittmenge. Die Kreise liegen nicht direkt übereinander!« Es fängt damit an, dass die Kinder einen eigenen Willen äußern, vielleicht doch nicht das gleiche T-Shirt tragen wollen wie der Bruder oder andere Speisen mögen. »Diese individuelle Menge darf sein, um wachsen zu können, das stört die Beziehung nicht, das stärkt sie«, versicherte sie.

Aber wie können Eltern das erreichen? Gundula Göbel empfiehlt folgende Vorgehensweisen:

- Nehmen Sie bei Zwillingen in der ersten Zeit besonders viel Hilfe an. Und schauen Sie genau hin: Oft gibt es ein Kind, das sich leichter an andere abgeben lässt, das andere bleibt eher bei der Mutter. So ein Muster fährt sich schnell fest, ist aber für die Kinder nicht gut. Sorgen Sie dafür, dass jedes Baby genug Mama-Zeit bekommt.
- Machen Sie sich bewusst, dass Ihre Kinder Individuen sind, die unterschiedliche Stärken und Vorlieben haben werden.
- Sprechen Sie die Kinder einzeln und mit Namen an. Statt »Räumt ihr bitte eure Sachen weg« sagen Sie besser: »Emma, bitte … Thea, bitte …« Das stärkt das Ich-Gefühl der sonst einander so sehr nahen Kinder.
- Sprechen Sie über die Kinder einzeln gegenüber Dritten, also nicht: »Die mögen gern draußen sein«, sondern sagen Sie bewusst: »Tim mag das … Tom mag das …«
- Auch Zwillinge können unterschiedliche Temperamente haben: Ein Baby lässt sich leicht der Oma geben, eines nicht, eines malt lieber, das andere will klettern. Achten Sie be-

wusst darauf, und fordern Sie nicht von beiden die gleichen Fähigkeiten (zum Beispiel still zu sitzen).

- Seien Sie gerecht, was nicht heißt, dass Sie alles immer gleich machen müssen. Auch bei Zwillingen kann es sein, dass sich ein Kind mehr über Schokolade freut, das andere mehr über Gummibärchen, eines mehr über Lego, das andere mehr über eine Holzeisenbahn.
- Wenn die Kinder sich das gleiche T-Shirt oder Spielzeug wünschen, überlegen Sie, ob sie sie vielleicht in unterschiedlichen Farben haben möchten.
- Achten Sie darauf, wie viel Gemeinsamkeiten die Kinder brauchen. Manche profitieren davon, wenn sie bis zur Schule ganz eng sein können, andere brauchen schon früher die Abgrenzung. Manchmal braucht ein Zwilling mehr Nähe als der andere.
- Beschriften Sie die Kinderfotos! Viele Eltern haben später Probleme, die Kinder auseinanderzuhalten.

Zwillinge können sehr eifersüchtig sein, da sie ihre Eltern ja immer mit einem Gleichaltrigen teilen müssen: »Vergessen Sie nicht, dass die Situation für Ihre Töchter und Söhne schwieriger ist als für Kinder, die allein geboren werden. Sie machen gleichzeitig dieselben Phasen mit ungefähr denselben emotionalen Bedürfnissen durch. Ein älteres Kind kann verstehen, dass ein kleines Kind zusätzliche Aufmerksamkeit braucht, aber gleichaltrige Kinder können das nicht«, schreibt die Kinderpsychologin Coks Feenstra im *Großen Zwillingsbuch*.[110] Wenn die Kinder genau das gegenteilige Verhalten zeigen, sich nämlich weitgehend selbst genug sind, sollten Eltern darauf achten, mit den Kindern einzeln und zusammen immer mal wieder etwas zu unternehmen. Denn auch diese Kinder brauchen den individuellen Kontakt zu ihren Eltern.

TIPP **Auch bei Mehrlingen gilt: Vergleichen Sie nicht!** Auf keinen Fall sollten Sie die Mehrlinge miteinander vergleichen! Es verletzt die Kinder. Gerade Mehrlinge, die von allen als so »gleich« angesehen werden, leiden darunter, wenn sie Druck bekommen, weil der andere, der ihnen doch so ähnlich sein sollte, angeblich »besser« ist.

## Jedes Kind ist anders

Nicht alle Kinder entfalten ihre Individualität gleichermaßen und gleich schnell. Es gibt Kinder, die bis in die Grundschulzeit stolz oder zumindest kommentarlos die Kleidung ihrer größeren Geschwister tragen. Es gibt andere, die sich mit drei schon beschweren, weil sie die Farben nicht mögen. Wir können natürlich Kleider weitergeben, wir sollten dann aber jedem Kind auch eigene, besondere Stücke zugestehen, die es neu bekommt und die nur ihm gehören. Das gilt auch für Spielzeug. Für besondere Anlässe sollte, wann immer möglich, jedes Kind etwas Eigenes erhalten – einen neuen Schulranzen, eine neue Schultüte und so weiter.

Sollten Geschwister in denselben Kindergarten oder dieselbe Kindergartengruppe? Machen wir uns nichts vor: Oft haben wir gar nicht die Wahl. Wenn doch, schauen wir, was die Kinder gerade brauchen. Manche, besonders die Kleineren, fühlen sich sicherer, wenn ihr Geschwister um sie herum ist. Andererseits ist der Kindergarten oft der Ort, an dem die Großen endlich für sich sein können und an dem ihr Geschwister, das schon zu Hause ständig stört, nicht da ist.

Und wenn wir keine Wahl haben, dann ist es wichtig, das auszudrücken und nach Lösungen zu suchen: »Ja, ich verstehe, dass du das doof findest, du hättest so gern deine Ruhe tagsüber, richtig? Aber es gibt nur den einen Kindergarten hier, wir haben keine Wahl. Lass uns mit den Erziehern besprechen, ob du im Kindergarten einen Ort haben kannst, an den Tina nicht mitkommen kann oder darf, der nur für dich ist.«

## Das sagt die Wissenschaft

**Ständiger Streit stört die Persönlichkeit.** Wenn es immer wieder zu körperlichen oder seelischen Verletzungen kommt, müssen wir entsprechend einschreiten, da ist sich die Literatur einig. Denn ständiger, starker Streit zwischen Geschwistern kann lebenslange Folgen haben.[111] Damit stört er die Persönlichkeitsentwicklung der Kinder spürbar.

**Schüchterne Kinder sind eher einfühlsam.** Wenn Kinder mit drei Jahren eher ruhig und zurückgezogen sind und sich soziale Interaktionen lieber von außen ansehen, dann, so zeigte es sich in einer Studie,[112] fällt es ihnen zwei Jahre später, also mit fünf Jahren, leichter, sich in andere einzufühlen, deren und ihre eigenen Gefühle, Bedürfnisse, Ideen, Absichten, Erwartungen und Meinungen wahrzunehmen, in Worte zu fassen und zu regulieren. Ein stilles, schüchternes Kind kann sich daher als sozial sehr geschickt erweisen, weil es viele Möglichkeiten hat, andere zu beobachten, und durch sein ruhiges Wesen viel in soziale Prozesse eingebunden wird. Wenn wir also Titel lesen wie »Ist mein Kind zu schüchtern?«, können wir uns entspannt zurücklehnen und erst mal unserem Kind vertrauen. Jedes Kind findet in der Familie seinen Platz, und jeder Platz hat seine Aufgaben und Vorteile.

**Aggressive Kinder brauchen uns.** Im Umkehrschluss sehen wir, dass Kinder mit einem eher aggressiven Temperament einem doppelten Risiko ausgesetzt sind. Sie sind weniger vorsichtig, weniger aufmerksam und mehr mit sich selbst und ihren überwältigenden Emotionen beschäftigt. Das alles macht es schwer, wenn man als Kind üben will, sich in andere hineinzuversetzen. Diese Kinder sind genau durch diese Veranlagung nämlich eher in negative soziale Interaktionen verwickelt. Sie werden öfter von positiven sozialen Momenten ausgeschlossen oder schließen sich schnell aus, weil sie weglaufen, schmollen, sich einigeln und aggressiv reagieren. Wir Eltern müssen diese Kinder immer wieder ins soziale Netz einbinden, damit es kein selbstverstärkender Effekt wird. Sonst startet ein negativer Kreislauf: aufbrausendes Temperament, weniger soziale Interaktionen, weniger Übung in sozialen Aktionen, Rückzug und immer weniger Möglichkeiten, soziale Interaktionen zu trainieren, schlechtere Erfahrungen, Rückzug.[113] Wir müssen uns also besonders um die Kinder kümmern, die uns am meisten an den Nerven zerren, und dürfen sie auf keinen Fall mit den vermeintlich ruhigeren, einfacheren Geschwistern vergleichen, sondern bewusst ihre positiven Eigenschaften sehen.

## Falsche Erwartungen

### Prima, die Kleine kann alles auftragen

Besonders wenn wir selbst keine Geschwister hatten, können wir oft gar nicht verstehen, was so schlimm daran sein soll, den Schlafsack des großen Bruders zu erben. Oder so toll! Wenn wir den Kindern einen Gefallen tun wollen und die Möglichkeit haben, sollten wir hinschauen: Was genau will und kann das Kind von den Geschwistern übernehmen, was braucht es einfach neu, für sich, ganz allein? Es ist von Kind zu Kind und von Familie zu Familie unterschiedlich. Es kommt auch darauf an, wie wir es für die Kinder darstellen – ist es eine Ehre oder eher etwas, was uns im Herzen leidtut?

### Der gleiche Sportkurs ist eine gute Idee

Es kann eine gute Idee sein. Muss aber nicht. Schauen Sie Ihre Kinder an. Rechnen Sie damit, dass sich das mit dem Alter der Kinder auch immer wieder verändert. Möglicherweise fühlen sich die Geschwister anfangs zusammen wohler, dann entsteht aber eine Rivalität, die wir auch nicht gern begünstigen wollen. Vielleicht wachsen die Kinder daran, eventuell fängt eines an, sich zurückzuziehen. Falls wir die Möglichkeit haben, können wir die Situation an die Kinder anpassen. Falls nicht, können wir sie zumindest ansprechen – es hilft einfach immer, wenn (potenzielle) Probleme zur Sprache gebracht werden können.

### Die Kinder sagen schon, wenn es ihnen zu viel wird

Manche ja. Manche nein. Zuweilen merken wir gar nicht, dass uns etwas wehtut, weil wir denken, es müsse so sein, oder weil wir uns schon längst daran gewöhnt haben. Daher schauen wir Eltern immer mal wieder gut hin. Wenn ein Kind anfängt, sich zurückzuziehen, wenn es schwierig oder unkooperativ wird, wenn es plötzlich keine Lust mehr auf den gemeinsamen Freundeskreis hat, dann könnte etwas im Busch sein.

# Wie Geschwister ein Team werden

## Der sechste Baustein

*»Mein Bruder hat die Welt vielleicht nicht erfunden – aber er kann sie nachbauen. Aus Lego!«*

MEINE TOCHTER, SECHS JAHRE ALT

### »Hilfe, sie haben mich!« – Aktionen für ein starkes Team

Wie wir in den vorigen Kapiteln gesehen haben, gibt es ein paar Grundlagen, die stimmen müssen, damit Geschwister ein Team werden können: Wir müssen berücksichtigen, was jedes unserer Kinder braucht, die Kinder benötigen in den verschiedenen Phasen ihrer Beziehung altersentsprechende Unterstützung, sie brauchen Hilfe, um nicht in ihren Rollen festzustecken, sie müssen lernen, Konflikte zu lösen, und schließlich muss jedes Kind auch Raum für seine eigene Persönlichkeit haben.

Wir können auf all diesen Feldern viel dafür tun, dass Geschwister ein Team werden. Zusätzlich haben wir die Möglichkeit, auch im Alltag ganz konkret Situationen zu erschaffen, in denen die Kinder feststellen: Wir können manches gemeinsam einfach besser, und es macht auch mehr Spaß! Geschwister sollten, besonders in stressigen Phasen, möglichst viel zusammen machen, lachen und spielen.

Spiele sind sowieso immer magisch, daher fangen wir hier mit Spielideen an. Es sind von mir initiierte Spiele mit einem klaren Ziel: Die Kinder sollen sich als stark im Team erleben. Aber auch Singen, Tanzen und sogar gemeinsame Hausarbeit haben erstaunliche Effekte!

In Familien führt oft zu Spannungen, dass am Ende ja doch meistens die Erwachsenen entscheiden. Es ist gut, sich das hin und wieder bewusst zu machen: Wir treffen am Tag deutlich mehr Entscheidungen über das gemeinsame Leben als unsere Kinder. Das ist auch völlig okay. Aber es ist nicht immer leicht zu ertragen, besonders für die Kinder. Es schafft eine Spannung – vor allem, wenn wir für oder gegen ein Kind entscheiden, wenn wir wider besseres Wissen als Schiedsrichter auftreten, der die Konflikte der Kinder mit einer Entscheidung beendet: »Dein Bruder bekommt jetzt die Puppe und damit basta!« Das schafft Frust und ein Gefühl der Ohnmacht in den Kindern, eine Spannung, die sich entladen muss. Daher spielen wir bei zerstrittenen Geschwistern zunächst möglichst keine Spiele, bei denen wieder nur einer gewinnt und der andere gefrustet ist – zum Beispiel »Mensch ärgere Dich nicht«, ein reines Glücksspiel, bei dem das Gefühl der Ohnmacht für Kinder überwältigend werden kann. Wir wählen lieber körperliche Spiele, denn das baut die Spannung ab, und sogenannte Machtumkehrspiele, bei denen wir Eltern die Verlierer sind, das löst das festgefahrene Gefüge der Familie.

Körperliche Spiele eignen sich zu jeder Zeit hervorragend: Schon Zweijährige rennen gern auf sitzende Erwachsene zu und versuchen, sie umzuwerfen. Wenn wir jetzt möglichst theatralisch umfallen, haben die Kinder einen riesigen Spaß.

Wenn wir wollen, dass die Kinder zusammenarbeiten, können wir auch sagen: »Ich glaube, du brauchst Hilfe, um mich umzuwerfen!«, und erst umfallen, wenn *beide* Kinder auf uns springen. So lernen die Kleinen schon von früh an, dass sie zu zweit stärker sind – ohne dass wir dies explizit erklären. Das lässt sich beliebig variieren: Bei einer Kissenschlacht gehen wir erst unter den Kissen beider Kinder mit großen Gesten zu Boden, wir Großen besetzen das Sofa und fallen erst herunter, wenn beide Kinder uns heruntergezogen haben, und so fort.

Wir und die Kinder wissen natürlich, dass wir Großen stärker, schneller, mutiger sind. Wir wissen auch, dass es vielleicht mehr die Vierjährige war, die uns vom Sofa gezogen hat, als der Anderthalbjährige. Aber das macht nichts. Es geht nicht darum, wer die Kraft hat, sondern darum, die Kinder gemeinsam gewinnen zu lassen und eine Menge Spaß dabei zu haben.

Wenn wir mit den Kindern präventiv spielen, dann haben wir gleich mehrere angenehme Effekte:

- Die Kinder sind ausgetobt und können ihren Stress körperlich abbauen.
- Sie sind im Körperkontakt mit uns und untereinander, was die Bindung stärkt.
- Sie fühlen sich geschätzt und wahrgenommen, nicht nur kritisiert und korrigiert.
- Sie fühlen sich sicher und geliebt, was ihnen hilft, ihre Emotionen zu beruhigen.
- Sie schaukeln, kuscheln und bewegen sich rhythmisch mit unserem Körper, was nachweislich beruhigt und die Kooperationsfreudigkeit verstärkt.

**Richtig spielen**

Gerade wenn Geschwister viel streiten, sollten wir zunächst alles vermeiden, was Wettbewerb zwischen den Kindern hervorruft. Kompetitive Spiele sind eine lustige Idee unserer Leistungsgesellschaft und machen Spaß, solange man nur ein Kind hat – weil man es quasi beliebig verlieren oder gewinnen lassen kann (meistens lassen wir es gewinnen). Aber sobald wir zwei Kinder haben, führt die Ansage »Wer zuerst beim Auto ist!« nicht zu einem lustigen Wettrennen, sondern schnell zu Streit und Tränen. Spiele, bei denen es darum geht, dass nur einer gewinnen kann, gibt es in vielen, vor allem kooperativ orientierten Kulturen gar nicht. Am besten für Geschwister sind Spiele, bei denen die Kinder nur gewinnen können, wenn sie sich zusammentun, zusammenhalten, zusammen stark sind.

## Eine schrecklich alberne Familie

Gemeinsames Lachen und Herumalbern sind, wie gesagt, extrem wichtig. Ich bin allerdings nicht jeden Tag in der Stimmung, mich über alles Mögliche zu amüsieren. Da meine Kinder sich im Alter von zwei und fünf Jahren nach einem langen Tag gern abends in die Wolle bekamen, habe ich irgendwann ein Witzebuch gekauft und es in die Küche gelegt. Wenn die Stimmung abends anfing zu kippen und ich für Toben, Raufen, Aushalten, Verhandeln, Geschichten, Humor und Verständnis keine Kraft mehr hatte, dann habe ich nach meinem Witzebuch gegriffen und den Kindern daraus vorgelesen. Nach kurzer Zeit bogen wir uns alle vor Lachen! Und wenn die Zweijährige manchmal einfach nur deswegen mitlacht, weil der Fünfjährige und Mama sich ausschütteten – macht nichts!

Wir haben diese Tradition heute noch, obwohl unsere Abendessen mittlerweile völlig problemlos sind, und genießen es sehr, nach langen, anstrengenden Tagen entweder am Tisch völligen Blödsinn zu erzählen oder uns von Witzen aufheitern zu lassen, wenn uns selbst gerade nichts einfällt. Es ist eine geniale Art und Weise, Kinder beizubringen, wie Humor heilen kann; und gemeinsames Lachen führt nachgewiesenermaßen zu einem starken Gefühl der Verbundenheit.

## Eine herrlich laute Familie

Gemeinsames Singen oder Sprechen von Reimen verbindet – auch das praktizieren Menschen schon seit Jahrtausenden. In unserem Alltag spielen Lieder und Reime nur noch selten eine Rolle. Wenn wir aber den Zusammenhalt in der Familie stärken wollen, können wir das gezielt einsetzen. Es ist erlaubt, was immer allen gefällt:

- Dankeslieder vor dem Essen,
- Schlaflieder abends zum Mitsingen,
- Lieder beim Autofahren,
- Lieder beim An- und Ausziehen oder
- Reime zum Merken oder Spielen.

Lassen Sie die Kinder ruhig die Texte verhunzen, sich eigene Verse ausdenken, albern sein. Es geht an dieser Stelle um den Zusammenhalt, nicht um Disziplin.

Ich habe mal gelesen, dass Kinder eine bestimmte Menge an Lautstärke von sich geben müssen, um entspannt zu bleiben.

Ich habe nie recherchiert, warum das so ist und ob das kulturübergreifend stimmt, aber meine Kinder – besonders als sie noch unter fünf waren – brauchten einmal am Tag die Möglichkeit, richtig laut zu sein. Ich fand es artgerecht, ihnen das zu ermöglichen. »Aber diese Möglichkeit gibt es nun mal nicht immer!«, sagen mir Eltern. Ja, bei uns auch nicht. Daher haben wir in unserer Familie das »präventive Brüllen« eingeführt. Wenn ich wusste, dass wir jetzt gleich in eine Situation kommen, in der die Kinder leise und entspannt sein sollten (einkaufen, Oma besuchen, Mama muss gleich telefonieren, Abendessen), dann haben wir schon mal »vorgebrüllt«. Ich fragte dann: »Kinder, gleich müssen wir leise sein. Habt ihr Lust, dass wir vorher noch mal so richtig alles rauslassen? Wer hat Lust, noch mal so richtig zu brüllen?« Die Kinder waren immer begeistert und machten mit. Und so waren sie ausgetobt und ausgebrüllt und dann in der Regel dort, wo es eben nicht ging, sehr entspannt. Gleichzeitig ist gemeinsames Singen bis hin zum gemeinsamen Schreien ebenfalls eine sehr verbindende Tätigkeit – fragen Sie mal Fußballfans.

## »Klar, wir schaffen das!« – Gemeinsame Ziele

Bob der Baumeister fragt seine Maschinen vor jeder neuen Aufgabe: »Können wir das schaffen?« Die sprechenden Maschinen Baggi, Buddel und Mixi, der Betonmischer, antworten zuverlässig: »Klar, wir schaffen das!« So soll es sein! Manche Geschwister entwickeln von selbst gemeinsame Projekte und spielen tagelang. Wenn wir jedoch eine schwierige Geschwisterkonstellation haben, dann können wir den Kindern etwas unter die Arme greifen. Wir können zum Beispiel das Projekt

»Drachensteigen« aufteilen und jedem Kind eine Aufgabe geben. Oder wir lassen sie das Auto putzen, damit Mama Kuchen backen kann. Oder wir können sie das Essen für den heutigen Ausflug packen lassen (nehmen Sie gegebenenfalls heimlich Wasser und ein paar Möhren mit, wenn Sie nicht bis zum Abend Schokolade essen wollen!).

Suchen Sie Aktivitäten aus, die die Kinder besonders gern machen und gut gemeinsam auszuführen sind. Sie können zusammen die Oma besuchen oder einen Platz im Wald aufräumen und danach ein leckeres Picknick machen – die Möglichkeiten sind endlos. Wichtig ist, dass wir jedes Kind nach seinen Möglichkeiten fordern, aber keines überfordern. Und wir müssen vorsichtig sein mit dem Verteilen von Aufgaben, die man vergleichen kann – »Bringt mir jeder mal so viele runde Steine, wie ihr findet« –, denn das erzeugt wieder Wettbewerb. Stattdessen kann ein Kind den Eimer holen und eines die Erde, eines das Mehl und eines die Schüssel et cetera.

Alle Kinder wollen etwas zum Haushalt beitragen – wirklich! Wenn bei uns samstags Putzen angesagt ist, dann dürfen die Kinder aussuchen, was sie machen wollen. Ich biete ihnen in der Regel die Aufgabe an, die am meisten Spaß macht und lasse sie im Team arbeiten. Vielleicht wird es nicht so sauber, wie wenn ich dabei bin, aber sie haben Spaß und erleben sich als selbstwirksam und stark. Besonders gut funktioniert das bei Arbeiten, die zu zweit schneller oder besser gehen (zum Beispiel das Bad putzen), und besonders schwierig ist es, wenn Arbeiten nur wenige, besonders ansprechende Aufgaben bereithalten (das Auto mit dem Gartenschlauch abspritzen), um die die Kinder dann streiten.

Finden Sie heraus, was Ihre Kinder gern machen, und seien Sie notfalls das erste Mal mit dabei, um den Prozess zu begleiten. Nächstes Mal wissen die Kinder dann, wie es geht!

Freuen Sie sich über gemeinsame Erfolge. Wenn wir Kinder bewerten, uns freuen oder loben, dann sollten wir bei gemeinsamen Aktionen auch dies sehr sorgfältig tun. Entweder sagen wir den Kindern: »Wow, ihr seid ein tolles Team, ihr habt … erreicht.« Oder wir zählen zwar einzeln auf, was jeder gemacht hat, betonen aber das gemeinsame Ergebnis: »Tim, du hast alle Zutaten aus dem Schrank geholt, Lisa, du hast gerührt, jetzt habt ihr zusammen einen leckeren Kuchen gebacken – Glückwunsch!« Das hilft den Kindern, den gemeinsamen Prozess zu sehen und wertzuschätzen, sonst heißt es nämlich unter Umständen: »Oh, ihr habt einen tollen Kuchen gebacken!« – »Ja, aber ich hab ja alles aus dem Schrank geholt und Lisa gar nicht!« – »Dafür hab ich die ganze Zeit rühren müssen, weil du keine Lust hattest!« – »Hättest ja was sagen können …!« Und so weiter.

Das Gleiche gilt übrigens auch für Erfolge als Familie. Jedes Mal, wenn meine Kinder und ich von einer Reise zurückkommen, zähle ich auf, wie viele abenteuerliche Erlebnisse wir hatten und wie gut wir als Familienteam da durchgekommen sind, zusammengehalten und zusammengearbeitet haben. Das Wort »Team« und »Teamarbeit« sage ich dabei ganz bewusst. So wird es für die Kinder greifbarer, dass wir zusammen viel erreichen können.

Manchmal biete ich auch an, dass wir etwas Besonderes tun können, aber alle dafür arbeiten müssen: Wir können heute noch ins Kino, aber wir müssen die Wäsche und die Küche vorher fertig haben, nachher wird es mir zu spät. Wer könnte die Waschmaschine übernehmen, wer räumt die Spülmaschine aus? Meine Kinder genießen es sichtlich, hinterher mit mir im Kino zu sitzen und zu hören: »Wow, das haben wir wirklich gut gemacht, wir sind 'ne tolle Truppe!«

## Wie unsere Erziehung das Team torpediert – oder stärkt

Was passiert eigentlich, wenn wir einfach nichts tun? Und davon ausgehen, dass Geschwister sich schon arrangieren werden? Dann haben wir ein Problem – langfristig. Schauen wir genau hin!

Wenn wir Geschwister sich selbst überlassen, dann bestimmt und führt schlicht das Kind, das mehr Kraft hat oder sich mental besser durchsetzen kann, wie schon im Kapitel zur Konfliktlösung ausgeführt. Das ist dann aber kein Team, das ist ein Monarch mit seinem Gefolge. In einer Studie haben Forscher bei 66 Geschwisterpaaren im Alter zwischen vier und sechs Jahren festgestellt, dass die Kinder verschiedene Formen von Macht untereinander anwenden, um Interessen durchzusetzen. Wenn es um Spielsachen geht, dann nutzen Geschwister auf sich gestellt vor allem pure Kraft (wir kennen das, zum Beispiel Wegreißen oder Bedrohen). Wenn es um Prozesse geht (»Wer spielt das Einhorn?«), dann versuchen sie insbesondere, den anderen mit Argumenten zu überzeugen (»Ich bin dran! Du warst gestern schon!«). Kleine Geschwister versuchen vor allem, sich mithilfe von sozialen Regeln und Gerechtigkeitsargumenten durchzusetzen oder Kompromisse zu finden, während große Geschwister einfach ihre schiere Überlegenheit und Kraft ausnutzten. Am häufigsten setzten sich die Kinder durch, die von ihrer Kraft, Größe oder von Gewalt Gebrauch machten.[114] Wenn wir nichts tun, gilt also das Recht des Stärkeren in unserer Familie, der Spielgruppe, der Klasse und so weiter. So formen wir kein Team, weil dazu gleichberechtigte Partner gehören, die ihre Interessen ausgleichen können und wissen, dass wir als Gruppe, im »Wir«, oft mehr erreichen können denn als Einzelperson, die sich nur um ihr »Ich« dreht.

Und warum können wir dann nicht einfach Teambuilding »anordnen«, einfach »durchgreifen«? Könnte man nicht auch schlicht sagen: »Ihr macht das jetzt zusammen und damit basta!«? Warum dieses ganze Coaching, Verhandeln, Spiegeln und Gerede? Die Antwort ist glücklicherweise einfach und wissenschaftlich erwiesen: Der autoritäre Erziehungsstil ist nachweisbar verantwortlich für weniger Vertrauen und Liebe in der Familie.[115] Das wiederum setzt die Kinder unter Stress, bringt ihnen nicht bei, wie man erfolgreich gemeinsam an einem Strang zieht, und kann sie langfristig sogar krank machen. Das »angeordnete« Team empfinden die Kinder als etwas Negatives, gegen das sie sich innerlich auflehnen – dieser Widerstand kann ein Leben lang andauern und Kooperation verhindern.

Was genau sollten wir also vermeiden, wenn wir ein Team wollen? Autoritäre Erziehung ist gekennzeichnet durch wenig Wärme, Strenge, Strafen und Unberechenbarkeit – mal rastet Mama aus, mal nicht, mal gibt es von Papa eine harsche Strafe, mal reagiert er nur mürrisch. Kinder, die durch so ein Verhalten gestresst werden, arbeiten nicht zusammen, sie sind dafür zu sehr unter Druck. Nur wenn der Druck bedrohlich wird, schließen sie sich gegen die Eltern zusammen – eine solche Art von Notfallteam ist nicht das, was wir in diesem Buch anstreben.

Das andere Extrem hilft leider auch nicht. Wenn wir gar nichts tun und die Kinder weitgehend sich selbst überlassen, also den sogenannten permissiven Erziehungsstil leben, dann haben wir ebenfalls Kinder, die ihre sozialen Kompetenzen nicht voll entwickeln können und kaum zum Team werden – dazu brauchen sie Hilfe von größeren »Stammesmitgliedern«. Der Studien zufolge beste Erziehungsstil hat den komplizierten Namen »autoritativ« und ist gekennzeichnet durch viel Wärme, Zuverlässigkeit, ein empathisches Eingehen auf die Kinder, aber ebenso klare Regeln in der Familie (»Hauen ist nicht«), die die Eltern auch durchsetzen. Es ist in wissenschaftlichen Studien der sicherste Weg zu Kindern, die auch auf lange Sicht – nachweisbar bisher bis ins Teenageralter – gut miteinander auskommen. Sie können als Team zusammenarbeiten, weil sie sich gesund entwickelt haben, Regeln verstehen, sich in andere einfühlen, Interessen ausgleichen und Konflikte zu lösen vermögen.

Man könnte jetzt fragen, ob aber nicht das Alter, der Abstand und das Geschlecht der Kinder eine viel größere Rolle spielt, ob sie ein Team werden oder nicht? Gibt es nicht Studien, die sagen, zwei Jungs, eng aneinander, seien einfach anstrengend, egal, was wir tun?

Das ist richtig und nicht richtig. Es gibt zahlreiche Studien, die zeigen, wie die Geschwisterbeziehung auch davon abhängt, wie alt, wie weit auseinander, welches Geschlecht die Kinder haben und wie groß die Familie insgesamt ist. Dennoch sagt die Geschwisterforscherin Carol MacKinnon, dass die Interaktionen der Familie, also wie wir miteinander umgehen, die eigentlich wichtigen Faktoren sind, wie sich die Geschwisterbeziehung entwickelt.[116] Dabei geht es um indirekte und direkte Verhaltensweisen. Wenn die Eltern unparteiisch bleiben, es harmonische – statt aggressive – Problemlösungsgespräche gibt und in der Familie generell eine warme Atmosphäre herrscht, sehen wir bei älteren Geschwistern bessere, konfliktfreiere und herzlichere Beziehungen zu ihren jüngeren Geschwistern – und damit bessere Voraussetzungen dafür, dass sie gemeinsame Projekte starten und an einem Strang ziehen.[117]

Auch die Werte, die wir in der Familie vermitteln, spielen hier eine große Rolle: Gegenseitige Hilfe, Respekt, Beachten von Regeln und positive Kompetenzvermutung können Werte sein, die dazu führen, dass Kinder besser miteinander umgehen und zusammenarbeiten können. Und wenn unsere Kinder schon früh eine gute Verbindung zueinander haben, dann zeigt sich, dass das auch im Teenageralter so bleibt. Vorausgesetzt, die Stimmung in der Familie stimmt. Dazu gehört auch ganz besonders die Frage, wie in der Familie mit »Fehlern« umgegangen wird. Falls es sofort »Schimpfe« gibt, wenn jemand die Spülmaschine falsch einräumt, dann werden auch die Geschwister zwar gemeinsam die Küche aufräumen, sich aber immer wieder zurechtweisen und anmeckern – so wird Teamarbeit schwierig. Sind wir hingegen nachsichtig, sind es auch die Kinder untereinander, und alles geht viel leichter gemeinsam von der Hand.

TIPP **Es ist unsere Entscheidung**

Eltern haben eine sehr große Verantwortung dafür, wie gut sich ihre Kinder verstehen. Es gibt nur wenige Faktoren, die wir wirklich gar nicht beeinflussen können, darunter das Geschlecht. Aber wann und wie viele Kinder wir bekommen, liegt zumindest teilweise in unserer Hand. Und wie wir mit den Kindern umgehen, ist in erster Linie unsere Entscheidung, jeden Tag aufs Neue.

## Jedes Kind ist anders

Es gibt Geschwisterpaare, die sind ganz natürlich ein Team. Zwei Schwestern, zwei Brüder, Kinder mit sehr ähnlichem Temperament et cetera. Es gibt aber auch andere, die tun sich deutlich schwerer. Wir müssen wissen: Es liegt nicht an den Kindern. Kinder wollen kooperieren, sie wollen zu einer Gruppe gehören und werden in ihren Gehirnen genauso für gelungene soziale Aktionen belohnt wie wir Erwachsenen. Es ist also unsere Aufgabe, unsere Kinder genau anzusehen. Vielleicht will ein Kind immer mit dem anderen etwas zusammen machen, aber das andere hat keine Lust, weil der Altersabstand zu groß ist. Dann müssen wir vermitteln. Oder beide Kinder wollen gern gemeinsam etwas unternehmen, aber eines von ihnen verliert zu schnell die Geduld oder die Contenance, und es kommt zum Streit. Dann ist es an uns, den Prozess zu begleiten, beharrlich zu sein und so lange mit den Kindern zu üben, bis die Streithähne den gemeinsamen Kuchen gebacken haben (wofür auch immer der »Kuchen« hier steht).

Achten Sie auch darauf, welche Geschwister etwas miteinander machen wollen. »Alle zusammen« ist eine schöne Vorstellung, aber wenn nun mal zum Beispiel Nummer 1 so deutlich viel besser mit Nummer 3 kann, dann mag ich vielleicht etwas mit Nummer 2 unternehmen.

Wir sollten Geschwister niemals zwingen, sich gemeinsam mit etwas zu beschäftigen. Müssen wir auch nicht. Der Familienalltag bietet so viele Möglichkeiten, Kooperation zu üben, es fängt beim gemeinsamen Bettenabziehen ja schon an. Und wir können immer wieder anbieten, dass wir alle zusammen etwas tun, was einer allein nicht schafft (zum Beispiel die Einkäufe hochtragen, einen großen Blumenstrauß pflücken). Achten Sie einfach im Alltag darauf, wo Sie Aufgaben an die Kinder abgeben können, und richten Sie sich darauf ein, dass es ein paar Tage, Monate oder Jahre Begleitung braucht, bis sie gemeinsam etwas unternehmen, je nach den Charakteren Ihrer Kinder. Wir sehen in der Forschung jedoch, dass der Aufwand sich lohnt. Denn, wie gesagt: Es kommt der Tag, an dem wir Eltern nicht mehr sind, und dann haben wir unseren Kindern einen riesigen Gefallen getan, wenn wir ihnen eine starke Geschwisterbindung ermöglichen konnten.

## Das sagt die Wissenschaft

**Geschwister helfen sich noch im Alter.** Dass es Menschen guttut und hilft, wenn sie im Alter von Geschwistern unterstützt werden, ist in vielen Studien belegt. Doch was ist mit jungen Erwachsenen, wenn sie krank werden, sich allein fühlen, Hilfe brauchen? In einer Studie mit über 300 Studenten zwischen 19 und 33 Jahren fragte der Forscher Avidan Milevsky von der Universität Pennsylvania, welche Menschen sie unterstützen. Mehr als 60 Prozent erklärten in den Fragebögen, dass sie eng oder sehr eng mit ihren Geschwistern verbunden seien und mindestens einmal pro Woche mit ihnen kommunizierten. Wenn die Studenten angaben, dass sie viel Kontakt und viel Hilfe von ihren Geschwistern bekamen, dann hatten sie geringere Punktzahlen in den Bereichen Einsamkeit und Depression und höhere Werte bezüglich Selbstwertgefühl und Lebenszufriedenheit. Die Forscher stellten zusätzlich durch Fragen nach Freundeskreis und Familie der Studenten fest, dass gut vernetzte Geschwister auch noch im Studentenalter ausgleichend wirken, wenn jemand sonst kaum oder keine Unterstützung von Mutter, Vater oder Freunden erfährt. Wer seine Geschwister nah bei sich und viel mit ihnen zu tun hat, fühlt sich auch dann nicht so einsam, wenn er sonst wenige Freunde zählt und nur spärlich Unterstützung vonseiten der übrigen Familie erhält.[118]

**Sauerstoffmaske zuerst für die Eltern.** Gestresste Eltern zeigen, wie gesagt, häufiger ein »ungünstiges Erziehungsverhalten«: Sie sehen ein »schwieriges Kind«, wo einfach nur ein Bedürfnis ist, reagieren dann aber ungünstiger und erzeugen mit diesem Erziehungsverhalten genau das, was sie sehen: ein schwieriges Kind. Sie provozieren dadurch auch mehr Streit unter den Geschwistern. Wenn Eltern extrem gestresst sind, halten Geschwister zwar wieder zusammen – aber auf eine eher ungesunde Weise, ohne die Möglichkeit, Konflikte auszutragen und sich voneinander abzugrenzen. Daher tun wir Eltern gut daran, uns hinreichend um uns selbst zu kümmern, damit wir gut für die Kinder da sein können.[119]

**Teamplayer von Anfang an.** »Mama, deine Tasse steht noch in der Küche« – diese Art zu helfen sieht man bei »menschlichen Primaten« schon ab dem ersten Lebensjahr: Sie zeigen einem Erwachsenen etwas, was er sucht, auch wenn sie selbst keinen Nutzen davon haben. Das ist ein Merkmal kleiner Menschenkinder. Schimpansen hingegen helfen zum Beispiel nur, wenn es für sie selbst von Vorteil ist.[120] Wir können unsere Kinder schon früh darauf aufmerksam machen, wie gut wir auf Teamarbeit vorbereitet sind, auch wenn es manchmal nicht so aussieht.

**Strafen machen kein Team.** »Zur Strafe hilfst du jetzt deiner Schwester!« – das kann nicht funktionieren. Strafen führen nur dazu, dass Menschen die Quelle der Sanktionen vermeiden, aber nicht das Verhalten ändern. Wenn wir unsere Kinder bestrafen, reagieren wir vielleicht unseren eigenen Ärger ab, aber wir tun nichts für ihre langfristige Entwicklung. Wissenschaftliche Untersuchungen zeigen nicht nur, dass sich das Verhalten der Kinder nicht ändert, sie weisen auch darauf hin, dass Strafen Kinder eher zum Lügen erziehen. In einer Studie sollten Kinder Spielzeug auf dem Tisch hinter sich nicht ansehen und wurden eine Minute im Raum allein gelassen. Einige Kinder bekamen die Information, dass es den Forscher freuen würde, wenn sie ihm hinterher ehrlich sagen, ob sie geguckt haben oder nicht. Kinder, die eine Strafe erwarteten, neigten stärker dazu zu lügen; und je älter sie waren, desto eher logen sie. Kinder, denen man gesagt hatte, sie würden sich sicher auch selbst besser fühlen, wenn sie die Wahrheit sagten, und die keine Strafe erwarteten, sagten am ehesten die Wahrheit, falls sie das Spielzeug doch angesehen hatten.[121]

**Singen, Lachen und Tanzen verbinden uns.** Da Menschen oft nicht die Zeit haben, um einander ausgiebig zu lausen, haben sie, besonders für die Treffen großer Gruppen, möglicherweise irgendwann in der Evolutionsgeschichte die gemeinsame Musik und das Lachen entdeckt, um sich zu verbinden.[122] Gemeinsames Tanzen und Musizieren verbindet uns[123] und erhöht unsere Bereitschaft zusammenzuarbeiten.[124] Wenn wir gemeinsam Musik machen, verbinden wir uns von Herzen miteinander – besonders auch beim Singen.[125]

## Falsche Erwartungen

### Bedürfnisorientierte Erziehung schafft friedliche Geschwister

Von Naturvölkern hört man immer wieder, die Kinder seien stets friedlich und glücklich. Die amerikanische Autorin Jean Liedloff spricht in ihrer Beobachtung eines Naturvolks im Dschungel Venezuelas vom »glücklichen Yequana-Durchschnitt«.[126] Wenn man aber genau hinsieht, ist dies eher Interpretation als Beobachtung. Auch in Naturvölkern müssen Kinder lernen, miteinander auszukommen. Oft haben sie viel stärker einen klaren Bezug zum Überleben und wissen, dass dazu ein ganzer Stamm »wie ein Team« zusammenhalten muss – auch die Geschwister. Besitz und Wettbewerb spielen oft keine so große Rolle, oder sie müssen sich schon früh umeinander kümmern. Doch in allen Kulturen begleiten größere Menschen die Kinder durch Streit und auch Wut. Das Ziel ist nicht, Konflikte zu vermeiden, sondern Strategien zu entwickeln, wie wir damit umgehen, um »teamfähig« zu werden.

## Die werden von selbst zum Team

Ja, bei manchen Geschwistern stimmt das, sie bauen schon früh zusammen stundenlang Lego-Welten oder räumen gar ihr Zimmer auf und sind ganz mit sich zufrieden, arbeiten prima zusammen und geben einander jedes Alibi: »Doch, Tim hat Zähne geputzt, ich hab es gesehen!« Bei anderen ist das nicht so, sie sind eher im Wettstreit miteinander, jeder will der »Bestimmer« sein, und sie streiten schon, wenn sie nur fünf Minuten lang versuchen, gemeinsam eine Höhle zu bauen. Manche Kinder brauchen einfach mehr Begleitung auf dem Weg zum Zusammenhalt als andere.

Eltern erzählen mir in Gesprächen oft, dass sie selbst aus ihrer Kindheit zum Thema Geschwister ein festes Bild haben, und das kann heißen: Geschwister streiten und gehen sich aus dem Weg. Andere sagen mir: Klar halten Geschwister zusammen, das war schon bei uns als Kinder so, wieso denn nicht? Es kann helfen, sich diese eigene Erfahrung bewusst zu machen. Wir erwarten oft das, was wir kennen, und sehen, was wir zu sehen glauben. Wenn wir davon ausgehen, dass Geschwister sich nun mal prügeln und ignorieren, dann kann es sein, dass wir so ein Verhalten unbewusst fördern – trotz aller guten Vorsätze. Gehen wir jedoch tief in unserem Herzen davon aus, dass sie einander helfen und schützen können, dann ist es für die Kinder viel leichter, es auch zu tun.

# Wie Familien mit besonderen Geschwistern umgehen können

## Geistig oder körperlich Eingeschränkte, Stillgeborene und Patchworkgeschwister

*»Menschliche Reife und Stärke wachsen meist nicht auf der Sonnenseite des Lebens.«*[127]

THOMAS VON STOSCH

### Das Was und Wie der Patchworkgeschwister

In welcher Familie leben wir? Wenn ich das einzige Kind meiner Eltern bin, aber die Hälfte der Woche bei Mama lebe, die mit ihrem neuen Partner zusammenwohnt und die mit ihm ein neues gemeinsames Baby hat, und wenn ich die andere Hälfte der Woche bei Papa bin, bei dem jedes zweite Wochenende seine neue Freundin mit ihren zwei großen Kindern ist – was bin ich dann? Große Schwester, Einzelkind oder kleine Schwester?

Patchworkfamilien können viele Formen annehmen. Genauso komplex ist auch die Frage, wie man am besten mit Stiefgeschwistern umgeht. Es hängt davon ab, welche Art von

Stiefgeschwister es sind, wie alt sie sind, welches Geschlecht sie haben, wo sie in der Reihenfolge stehen und welcher Abstand zu welchen Kindern besteht. Grundsätzlich gilt:

- Stiefgeschwister brauchen Erwachsene, die ihnen zuhören und ihre Sorgen ernst nehmen.
- Sie brauchen den Raum, auch negative Gefühle zulassen und äußern zu können.
- Sie brauchen Rückzugsräume, um Spannungen abzubauen.
- Sie brauchen das Gefühl absoluter Sicherheit von ihren jeweiligen primären Bezugspersonen.
- Vor allem aber brauchen sie eins – nämlich Zeit.

Eine Patchworksituation birgt viele Herausforderungen. Eltern müssen sich vor allem darüber klar sein, dass Romantik nicht hilft – wer seine Scheidung oder Trennung als Misserfolg verbuchte und jetzt eine neue, perfekte Familie aufbauen will, hat die größte Wahrscheinlichkeit zu scheitern. Auch wenn die Mutter in der Familie vor allem den Ton angibt, was die Kinder angeht, und der neue Vater anwesend, aber nicht präsent ist, dann wird es schwierig. Früher oder später erwartet die Mutter dann doch etwas von dem neuen Vater, er findet Ausflüchte und kann ihren Ansprüchen nicht genügen, und es kommt zu schweren Konflikten, schreibt die amerikanische Journalistin Tori DeAngelis.[128] Hartmut Kasten bietet in seinem Buch *Geschwister* einen sehr interessanten Überblick über die Studien zu Stieffamilien, der viele Schwierigkeiten erklären kann.[129] Im Folgenden gebe ich Ihnen eine Zusammenfassung.

### »Einzelkind, kleine Schwester, große Schwester – all das bin ich!«

Wie Kinder mit besonderen Geschwistern umgehen, ist sehr individuell. Aber wir können einige Strukturen ausmachen, die uns helfen werden, das große Bild zu sehen und besonders belastende Situationen, Veränderungen und Umbrüche in der Familie mit unseren Kindern zu meistern.

#### *Phasen der Familiengründung*

Zuerst müssen wir uns die Familien als Ganzes ansehen. Damit wir Patchworkgeschwister werden, haben die Eltern vorher zwei sogenannte Ursprungs- oder Kernfamilien gegründet und wieder aufgelöst. Die Mitglieder der jeweiligen Kernfamilie haben also jeweils eine Gründung, eine gemeinsame Phase, eine Trennung, eventuell eine Scheidung, dann eine Nachscheidungsphase und oft eine mehr oder weniger lange Alleinerziehenden-Phase hinter sich. Wenn jetzt eine neue Familie entsteht, fangen wir wieder von vorn an. Kasten schreibt: »Man kann davon ausgehen, dass eine Anpassungsphase von mindestens zwei Jahren notwendig ist«, damit sich die Stiefeltern und Stiefgeschwister kennenlernen und aneinander gewöhnen. Zwei Jahre! In diesen zwei Jahren empfehlen die Forscher, dass der neue Elternteil die Kinder eher als Freunde sieht und noch keine erzieherischen Aufgaben übernimmt. »Ansonsten – auch wenn sie es gut machen – werden die Kinder sie abblitzen lassen«, sagt der Psychologe James H. Bray vom Baylor College of Medicine in einem Interview mit der American Psychological Association (APA).[130] Aber dann gilt es für das neue Elternpaar, allmählich an einem Strang zu ziehen, sonst gerät die Beziehung in eine Schieflage.[131]

Nach etwa zwei bisweilen recht holprigen Jahren mit Spannungen und Anpassungsprozessen, Annäherungen, Missverständnissen und Grenzziehungen wechseln Patchworkfamilien in eine Phase der Akzeptanz. Die Konflikte pendeln sich auf ein Maß ein, wie es auch in Kernfamilien üblich ist. Damit das passieren kann, müssen wir besonders darauf achten, dass alle Geschwister sich gerecht behandelt fühlen. Ist dies nicht der Fall, dann reagieren die Kinder mit Ablehnung, Rückzug und Kälte aufeinander – und zwar alle, auch die bevorzugten.

Wenn die Stieffamilie mehr als fünf Jahre besteht, haben sich die Geschwister in der Regel »aneinander gewöhnt und tragfähige Beziehungen« aufgebaut.[132]

### *Geschlecht und Alter der Kinder*

Die Wissenschaft hat festgestellt, dass die Beziehungen von Geschwistern in Stieffamilien schwieriger sind als in Kernfamilien – oh Wunder! Die Geschwister seien untereinander nach Meinung der Beobachter, aber auch ihrer eigenen Einschätzung zufolge »aggressiver, gefühlskälter, konkurrenz- und vermeidungsorientierter« als in ihrer Kernfamilie. Dabei hängt es offenbar davon ab, welches Geschlecht die Kinder und welches Alter sie haben:

- Jungen zeigen ihre Ablehnung Stiefgeschwistern gegenüber deutlicher als Mädchen.
- Mädchen haben – vielleicht auch deshalb – vor allem Probleme mit den neuen Jungs in der Familie.
- Mädchen neigen eher zu Rückzug.
- Ein großer Altersabstand erleichtert den ersten Kontakt, erschwert aber die tiefe Bindung.

- Kinder in der Pubertät oder im frühen Jugendalter tun sich besonders schwer mit einer neuen Familie.

Offenbar macht es auch einen Unterschied, ob eine Mutter mit ihren Kindern zu einem neuen Partner zieht oder ein Vater mit seinen Kindern zu einer neuen Partnerin (respektive der »mütterliche Akteur« der alten Familie oder der eher »väterliche Akteur«).

Eine besondere Konstellation ist diese hier: Zieht ein Vater mit seiner Tochter zu einer neuen Frau und ihren gegebenenfalls schon vorhandenen Kindern, dann tut sich das Mädchen in der Regel schwerer mit Stiefmutter und Stiefgeschwistern und braucht mehr einfühlsame Begleitung als im umgekehrten Fall. Hartmut Kasten zitiert hier wieder James Bray, der sagt, in dieser Konstellation brauche das Kind viel Zeit und die Möglichkeit, weniger intensive Kontakte zu den neuen Geschwistern zu unterhalten.[133]

### *Ein weiteres Baby? – Auf den Zeitpunkt kommt es an*

Kommt ein neues Baby in der ersten Anpassungsphase der neuen Familie zur Welt, also in den ersten zwei Jahren, wird es erst schwierig, dann einfacher: Ist der Altersabstand zu den bestehenden Geschwistern zu diesem Zeitpunkt gering, dann haben wir zunächst hohe Spannungen und Belastungen, die aber bald abklingen und Platz machen für eine gute Beziehung der Kinder untereinander. Sie sind altersmäßig nah beieinander, können wie Geschwister in Kernfamilien miteinander spielen und wachsen so eng zusammen auf, dass sie eine tragfähige Beziehung aufbauen können.

Günstig für die Kinder ist es, wenn sich die Geschwister bei der Ankunft des neuen Babys noch im Vorschulalter befinden. Sie sind dann schon aus der sehr abhängigen Phase der ersten drei Jahre heraus, aber noch nicht so alt, dass sie keine Brücke mehr zum Baby bauen können. Sie streiten am Anfang möglicherweise um Aufmerksamkeit und Liebe, können sich aber schnell aneinander gewöhnen, einander akzeptieren und sogar miteinander spielerisch in Kontakt kommen.

Altersabstände von sechs und mehr Jahren kommen deutlich häufiger vor. Das ist eher ungünstig, weil die Geschwister dann in ihren Lebenswelten sehr weit auseinander sind, aber die »großen« Kinder noch sehr bedürftig. In älteren Stieffamilien, die schon mehr als fünf Jahre bestehen, ist die Ankunft eines neuen Kindes gleichzeitig einfacher und schwieriger. Es ist deshalb einfacher, weil die Familie bereits länger besteht, alle sich aneinander gewöhnt haben und die eigenen Kinder schon aus dem Gröbsten heraus sind. Es ist schwieriger, weil der Altersabstand ja in der Regel dann zwischen sechs und zehn Jahren liegt, was dazu führt, dass die größeren Kinder nicht viel mit dem Baby anfangen können und ihre Lebenswelten nur noch wenig miteinander zu tun haben. Es kommt möglicherweise zu Streit, Eifersucht, und wir Eltern müssen den Prozess empathisch und mit viel Zeit und Liebe begleiten.

Wie immer müssen wir in einer Patchworkfamilie mit neuem Baby achtsam darauf schauen, alle Kinder in Balance zu halten: Wenn sich die großen, aber noch von den Eltern abhängigen Kinder gegenüber dem neuen Geschwister benachteiligt fühlen, kann es zu neuen Spannungen kommen. Besonders Jungen tun sich etwas schwerer – vor allem, wenn das neue Kind auch ein Junge ist, mit dem sie eigentlich wild spielen wollen, den sie aber möglicherweise noch überschätzen und dann von den Eltern reglementiert werden. Kommt das neue Baby ins sogenannte Trotzalter, haben wir große Kinder im Haus, die einerseits die Lebenswelt des Kleinen nicht mehr teilen, die andererseits aber oft noch nicht reif genug sind, um zurückzustecken und ihre Regeln, Rechte und Standpunkte für ein kleines Kind zu lockern oder aufzugeben. Auch hier kann es zu weiteren Spannungen kommen, die sich auflösen, wenn das jüngste Kind in die Grundschule kommt. Jetzt nimmt die Distanz in der Regel zu, weil jedes Kind sich in seiner eigenen Lebenswelt bewegt. »Im günstigsten Falle normalisiert sich in den nachfolgenden Jahren das Verhältnis zwischen den Halbgeschwistern so weit, dass die Älteren als Vorbilder und große Freunde akzeptiert werden und ihrerseits auch gern bereit sind, mit Rat und Tat hilfreich zur Verfügung zu stehen.«[134]

Sehr günstig für uns Eltern ist es hingegen, wenn die Geschwister bei der Geburt des neuen Babys zehn Jahre oder älter sind. Denn dann haben wir am wenigsten Spannungen und Streit. Allerdings bilden sich hier kaum noch echte Geschwisterbeziehungen aus. Manchmal fangen die Halbgeschwister an, sich liebevoll um ihre kleinen Geschwister zu kümmern, und so entwickelt sich im Laufe der Jahre eher ein Onkel-Tante-Verhältnis. Zieht das ältere Halbgeschwister dann zum Studium zum Beispiel aus, müssen wir diesen Bindungsabriss für beide Kinder gut begleiten, die sich nicht selten aus tiefstem Herzen vermissen.

**Zwei ideale Szenarien** für ein neues Kind in einer Patchworkfamilie wären diese:

- Wenn das Baby zur Welt kommt, sind die bereits vorhandenen Kinder noch möglichst jung, die Stieffamilie ist aber schon mindestens im mittleren Stadium, also vier bis fünf Jahre bestehend – ein Zustand, der nur zu erreichen ist, wenn ein Elternteil mit einem Säugling sofort einen neuen Partner findet. Dann ist das vorhandene Kind noch knapp jünger als sechs Jahre alt, was eine engere Bindung ermöglicht als nach seinem Schuleintritt, wenn die Lebenswelten zwischen neuem Kleinkind und dem jetzigen Schulkind sofort weit auseinanderliegen.

- Wenn das Baby zur Welt kommt, ist die Patchworkfamilie schon stabil, besteht also zwischen vier und sieben Jahren, das nächste Geschwister hat ein Alter von zehn bis dreizehn Jahren. Dann können sich tragfähige Beziehungen ausbilden, die allerdings weniger einer Geschwisterbeziehung ähneln als mehr einem Onkel-Tante-Verhältnis.

## Was die Geschwister behinderter Kinder von uns brauchen

»August ist die Sonne. Mom und Dad sind die Planeten, die die Sonne umkreisen«, sagt Via.[135] Via ist die Schwester von August Pullman im Buch *Wunder* von Raquel Palacio. August musste seit seiner Geburt so oft am Gesicht operiert werden, dass er nicht mehr so aussieht wie andere Kinder. Via liebt ihren Bruder. Sie verteidigt ihn und wird wütend, wenn andere ihn als »hässlich« bezeichnen. Und doch kommt sie irgendwann an den Punkt, dass sie ihn zur ersten Theateraufführung in ihrer neuen Schule am liebsten nicht dabeihätte. Sie will einen Ort auf der Welt haben, an dem sie nicht die »Schwester von …« ist, sondern einfach Via.

Wenn Kinder ein behindertes Geschwister haben, wachsen sie anders auf als andere Kinder. Ein behindertes Kind stellt eine Familie vor besondere Herausforderungen – aber ob sich diese Herausforderungen als Fluch oder Segen erweisen, hängt von vielen Faktoren ab. Ein ganz wichtiger Punkt ist die Haltung und der Umgang der Eltern. »Die Geschwister behinderter Kinder können belastbarer, sozial engagierter, kompetenter und lebenspraktischer werden. Sie können aber auch unter der Behinderung ihres Geschwisters so leiden, dass sie Schuldgefühle und Minderwertigkeitskomplexe entwickeln, die sie ihr Leben lang begleiten, die sie unglücklich und zu Einzelgängern machen«, schreibt die Journalistin Ilse Achilles in ihrem Buch über besondere Geschwisterbeziehungen.[136] Die Autorin zitiert Dr. Waltraud Hackenberg, die wichtige Studien zur psychosozialen Situation der Geschwister behinderter Kinder in Deutschland gemacht hat, hinsichtlich der Frage, ob diese Kinder anders aufwachsen. In den Studien von Hackenberg zeigen Geschwister behinderter Kinder einige gemeinsame Eigenschaften: Sie sind menschlich reif, greifen seltener zu kleinen Lügen, vermeiden aggressives Verhalten und idealisieren ihr behindertes Geschwisterkind stark. In den Studien zeigte sich, dass Mädchen sozial engagierter und Jungen feinfühliger waren. In einer folgenden Studie Jahre später, als die Kinder zwischen vierzehn und zwanzig Jahre alt waren, sagten 87 Prozent, dass das Aufwachsen mit dem behinderten Geschwisterkind zwar Einschränkungen mit sich gebracht, ihre Charakterbildung aber positiv beeinflusst habe.

### *Warum es gefährlich ist, ein »vernünftiges Geschwister« zu sein*

Es macht einen Unterschied, was wir Eltern den behinderten Kindern und ihren Geschwistern signalisieren. Wir können einerseits ständig zu Rücksicht mahnen, erschaffen damit aber starke Rollen von Schwachen und Starken in der Familie. Besser ist es, keine Problemkinder zu produzieren und uns selbst auch immer wieder daran zu erinnern, wie stark das behinderte Kind und wie bedürftig auch das nicht behinderte Kind ist:

- Wir können dafür auf die Stärken der Kinder hinweisen und sie motivieren: »Hey, du hast es fast geschafft, versucht es noch mal, ihr zwei!«
- Wir können den Frust über fehlende Möglichkeiten in Worte fassen: »Ja, es ist frustrierend, dass jetzt alle im Schwimmbad sind und wir mit deinem kleineren Bruder ins Krankenhaus müssen.«
- Und wir können Vorbilder sein, wenn die Kinder zu viel übernehmen: »Hey, du musst das nicht machen. Komm, wir schauen mal, wie wir deiner Schwester helfen können, damit sie es aus eigener Kraft aufs Bett schafft.«
- Wir können auch den nicht behinderten Geschwistern den Raum geben, klein zu sein: »Heute hatte ich wirklich wenig Zeit für dich. Wenn sie im Bett ist, dann kuscheln wir zwei ausgiebig, ja?«

So ermöglichen wir Selbstwirksamkeitserfahrungen, setzen liebevolle Grenzen und zeigen den Kindern, dass wir sie, ihren Frust und ihre Bedürfnisse sehen. Damit haben wir die wichtigsten Weichen bereits gestellt.

TIPP

**Vorsicht vor Überforderung**

Geschwister behinderter Kinder dürfen nicht überfordert werden. Das aber passiert leicht. Schauen Sie genau hin.

Wenn das nachfolgende Kind behindert ist und dann wächst, müssen wir achtgeben, dass die bereits vorhandenen Geschwister nicht zu früh in die Selbstständigkeit und Mithilfe gedrängt werden. Denn das können die Kinder nicht leisten. Sie machen zwar oft ganz brav mit, weil sie ihren Eltern nicht zusätzlich zur Last fallen wollen und daher sehr angepasst, hilfsbereit und bedürfnislos erscheinen. Aber während Eltern dieses Verhalten dankbar annehmen, übersehen sie leicht, wie überfordert die Kinder sind und dass sie mehr Nähe, Verständnis und Raum für sich brauchen.

Wenn jedoch das erste beziehungsweise jeweils vorhergehende Kind behindert ist, müssen wir aufpassen, dass die nachfolgenden Kinder nicht als Ersatz oder Trost für die Eltern dienen. Dies passiert besonders dann, wenn die Eltern von der Geburt ihres behinderten Kindes überfordert und auch enttäuscht sind. Es ist zwar schön, jetzt ein nicht behindertes Kind zu haben, aber das drängt die Kinder in eine Rolle, der sie nicht gewachsen sind, es »führt zur Selbstentfremdung des Kindes und stellt ein hohes Risiko für spätere psychische Erkrankungen dar«, sagt Hackenberg.[137]

Adele Faber und Elaine Mazlish zitieren in ihrem Buch *Hilfe, meine Kinder streiten* Erwachsene, die mit behinderten Geschwistern aufgewachsen sind. Der Tenor ist immer gleich: Ein wundervolles, kooperatives Geschwisterkind zu sein, das immer Verständnis hat, zurücksteckt und keine Probleme macht (weil die Probleme mit dem behinderten Kind ja so offensichtlich sind), das ist eine »lausige Rolle«.[138]

Es ist wichtig, dass auch die Geschwister behinderter Kinder (oder jedweder Art als problematisch angesehener, betreuungsintensiver Kinder) Bedürfnisse und Probleme haben dürfen, dass sie den Raum haben, gewöhnlich zu sein, etwas zu brauchen, klein zu sein. Eltern dürfen keine Forderungen an die anderen Kinder stellen, die dem Muster folgen: »Wir sind ohnehin schon so belastet, jetzt funktioniere wenigstens du!« Es stört die Persönlichkeitsentwicklung der Nichtbehinderten und führt zu – oft unterdrückten – Aggressionen gegenüber dem Kind, das aus ihrer Sicht alles bekommt.

Und es ist auch besser für das kranke oder behinderte Kind, wenn ihm mehr zugetraut wird. Faber und Mazlish zitieren eine Frau: »Behandle alle Kinder so, als ob sie in Ordnung wären. Selbst die Kinder mit ernsthaften Problemen. Sie können viel mehr, als wir ihnen zutrauen.«[139] Wir Eltern entscheiden, was »normal« in unserer Familie ist und welchen Raum wir allen Kindern geben, damit sie sich normal, also – nun ja, wie Kinder verhalten können. Das gilt für die behinderten und die nicht behinderten gleichermaßen.

### Welchen Unterschied der Altersabstand macht

Es macht einen Unterschied, ob das behinderte Geschwister jünger oder älter ist als die anderen Kinder. Ältere Geschwister von behinderten Kindern haben mit den Eltern bereits »eigene Zeit« gehabt und konnten in die neue Situation mit hineinwachsen – wenn der Altersabstand nicht zu eng ist. Dies ist ein weiterer Grund für einen größeren Altersabstand: Kommt ein behindertes Kind zur Welt, können die größeren Geschwister besser damit umgehen, wenn sie schon drei oder besser vier Jahre alt sind. Geschwister, die nach dem behinderten Kind geboren werden, also jünger sind, haben mehr Schwierigkeiten. Sie sind oft schlechter über die Behinderung informiert, und ihre Rolle ist weniger klar als die der älteren Geschwister.

## *Woran wir ein glückliches Geschwisterkind erkennen*

Am besten entwickeln sich Geschwister von behinderten Kindern in Familien, in denen die Eltern sagen: »Es ist, wie es ist. Wir werden das Beste daraus machen.«[140] Wenn Eltern gelernt haben, sich nicht entmutigen zu lassen, wenn sie in der Behinderung eher eine zu bewältigende Aufgabe sehen als einen Schicksalsschlag, wenn weiterhin ein fröhlicher Ton in der Familie herrscht und ein normales Leben möglich ist – dann können Geschwister daran wachsen.

Besonders die Mutter hat hier eine wichtige Rolle. Wenn sie mit ihrem Leben zufrieden ist und die Behinderung ihres einen Kindes gut verarbeiten kann, wenn sie offen über die Behinderung und die guten und auch schwierigen Seiten spricht und für sich selbst sorgt, dann hilft sie der gesunden Entwicklung des oder der Geschwister sehr. Ab dem sechsten Lebensjahr wird dann das Umfeld wichtiger – wie reagieren die anderen auf die Behinderung des Geschwisters? Wird es integriert oder abgelehnt? Je »normaler« alles ablaufen kann, desto gesünder ist das für die Kinder.

Ilse Achilles fasst zusammen, woran wir erkennen, ob es unserem Geschwister eines behinderten Kindes gutgeht. Es sollte:

- überwiegend eine gute Beziehung zum behinderten Geschwisterkind haben (frei von Aggressionen, unterdrücktem Hass und Neid),
- gelernt haben, wie es mit dem behinderten Kind umgeht,
- sich gegen das behinderte Kind abgrenzen können, also sich nicht ständig im Bereitschaftsmodus befinden,
- auch negative Gefühle gegenüber dem behinderten Kind empfinden und äußern dürfen,

- sich möglichst wenig mit dem behinderten Geschwisterkind in der Öffentlichkeit schämen (eine Entwicklung, die Phasen durchläuft),
- ein überwiegend positives Selbstbild haben (nicht emotional labil sein oder sich unwichtig fühlen) und
- seine Zukunft unabhängig vom behinderten Kind planen (das Recht auf ein eigenes Leben haben).[141]

Insgesamt helfen Eltern ihren Kindern, wenn sie nach dem ersten Schrecken über die Behinderung, der Suche nach Ursachen und Therapien schlussendlich in einer Phase der Akzeptanz ankommen. Wichtig ist, dass über die Behinderung und die entstehenden Gefühle offen gesprochen werden darf, dass die Geschwisterkinder sich wie normale Kinder benehmen dürfen; und es hilft enorm, wenn Familien ihren »Clan« aufrechterhalten oder ausweiten – und einen Freundeskreis auch mit nicht behinderten Kindern pflegen.

TIPP

**Normalität, Liebe, Respekt und Offenheit**

Wenn man die umfangreiche Literatur in einem Satz zusammenfassen wollte, wäre es dieser: Das Leben in der Familie mit einem behinderten Kind ist für Geschwister dann stärkend, wenn es ein Stück weit »normal« bleiben kann und wenn es von Liebe, Respekt und Offenheit geprägt ist – was ja im Prinzip für alle Familien gilt.

## »Wir gehören auch dazu!« – Still geborene und gestorbene Geschwister

Manchmal ist das Erstgeborene gar nicht unser erstes Kind. Es war vorher schon eins da, das aber nie das Licht der Welt erblickt hat. Oder unser drittes Kind ist nicht das dritte, das wir empfangen haben, sondern eigentlich das vierte. Oder unser zweites Kind wäre eigentlich gar nicht allein geboren worden, doch sein Zwillingsbruder ist schon vorher gestorben.

Unbemerkte Schwangerschaften mit Frühaborten, Fehlgeburten, Totgeburten, ein im Bauch schon sehr früh verstorbener Zwilling, Abtreibungen und auch der Tod eines Kindes können dazu führen, dass die Geschwisterreihe unterbrochen ist. Man spricht von einem »still geborenen Kind«, wenn es tot zur Welt kommt, denn es verkündet seine Ankunft nicht mit dem ersten Schrei.

Sereina Heim, Pädagogin und Familientherapeutin, schreibt in ihrem Buch *Seelenkinder und wie sie in ihrer Familie wirken* sehr einfühlsam darüber, dass auch ungeborene oder verstorbene Kinder (Seelenkinder) einen Platz in der Familie brauchen. Wenn Geschwister übermäßig streiten, so ihre These und Erfahrung, kann es daran liegen, dass das Familiengefüge nicht in Balance ist: »Steht nämlich jemand auf dem falschen Platz, weil man ein Seelenkind vergessen hat, versuchen die Kinder mittels Streiten, die Hierarchie wiederherzustellen.«[142]

Während es in unserer Kultur normal ist, dass wir ein verstorbenes Kind begraben und es Teil der Familie bleibt, ist es hierzulande kompliziert mit denen, die nie geboren wurden. Dabei ist es gar nicht so ungewöhnlich, dass eine Frau mehr Schwangerschaften erlebt, als sie Kinder zur Welt bringt. Etwa eine von fünf Schwangerschaften endet mit einer Fehlgeburt, allerdings meistens sehr früh vor der zwölften Schwangerschaftswoche. Nimmt man die Zahl der Frauen dazu, die eine Fehlgeburt für eine verspätet einsetzende oder etwas stärkere Periode halten, ohne dass sie so früh von ihrer Schwangerschaft wussten, ist die Zahl der unerkannten Schwangerschaften noch viel höher.

Auch das sogenannte »Vanishing Twin Syndrome«, also der verlorene Zwilling, hinterlässt eine Lücke in der Geschwisterreihe. Dass Kinder zu zweit sind und dann nur eines geboren wird, könnte eher die Regel als die Ausnahme sein. Längst nicht alle Kinder, die in der Frühschwangerschaft noch einen Zwilling hatten, werden auch als Zwillinge geboren, in den USA geht man laut Sereina Heim davon aus, dass in bis zu 30 Prozent der Mehrlingsschwangerschaften ein Zwilling nicht ausreift, andere Zahlen sprechen von bis zu 60 Prozent.

Heim sieht in ihrer Praxis, dass in manchen Familien Unruhe herrscht, weil aus ihrer Sicht all diese Kinder einen Platz in der Familie brauchen und gesehen werden müssen. Wir können ihnen diesen Platz geben, zum Beispiel durch Rituale, in denen die Kinder noch mal willkommen geheißen oder verabschiedet werden, Eltern können ihnen einen Liebes- oder Abschiedsbrief schreiben, einen Baum pflanzen oder eine Kerze anzünden – jeder sollte für sich einen Weg finden, damit umzugehen. Manche Eltern möchten auch mit ihren Kindern darüber sprechen. Heim betont, für solch ein Gespräch sei es wichtig, dass wir selbst in Balance sind und die Kinder einfach liebevoll informieren können, zum Beispiel indem wir einfach ruhig sagen: »Ich war schon mal schwanger mit einem Baby vor dir. Es gibt noch ein Geschwister von euch, aber das wollte lieber doch im Himmel bleiben oder ist schon dorthin zurückgekehrt. Wir lieben diese Kinder so wie euch, und auf ihre Weise sind sie auch Teil unserer Familie.«[143]

**Offen mit verlorenen Geschwistern umgehen**

Je entspannter und selbstverständlicher wir mit verlorenen Geschwistern umgehen, desto eher können diese Kinder Teil der Familie werden, und alle anderen Kinder können so besser sie selbst sein.

## Jedes Kind ist anders

Bedenken Sie, dass Geschlecht, Alter und Rangposition enorm beeinflussen, wie unsere Kinder sich in besonderen familiären Situationen verhalten:

- Mädchen tun sich in fast allen familiären Situationen leichter – außer mit einer neuen Stiefmutter.
- Jungen neigen eher zu aggressivem Verhalten und Widerstand – außer bei behinderten Kindern.
- Kinder mit einfacherem Temperament zeigen sich oft einfacher, aber wir müssen schauen, dass sie nicht untergehen.
- Kinder mit schwierigem Temperament wollen uns nicht ärgern, auch sie dürfen nicht mit dem Stempel »zu anstrengend« aus der Familie herausfallen, sondern brauchen besonders unsere Liebe und Begleitung.
- Alle diese Prozesse normalisieren sich mit der Zeit, wenn wir auch in besonderen Geschwisterkonstellationen liebevoll in Kontakt mit den Kindern bleiben.

Insgesamt sagt uns die Studienlage, dass Kinder sowohl mit behinderten Geschwistern als auch einer Trennung oder Scheidung und sogar mit dem Verlust eines Geschwisters gut umgehen können, wenn wir Eltern stabil bleiben. Wir müssen nicht immer funktionieren, aber wenn wir positiv in die Zukunft blicken, wenn alles ausgesprochen und gefühlt werden darf, wenn wir mit Liebe auf unsere Kinder schauen und achtsam miteinander umgehen, dann helfen wir unseren kleinen und großen Kindern mit all ihren Persönlichkeiten und Temperamenten durch diese schwierigen Zeiten hindurch.

## Das sagt die Wissenschaft

**Behinderung – welche Behinderung?** Es gibt Studien, die behaupten, dass ein behindertes Kind positiv für die Familie ist; andere sagen, es sei negativ. Die Antwort liegt hier: Es gibt sehr viele unterschiedliche Faktoren, die vom Zustand des betroffenen Kindes beeinflusst werden (Emotionales, Finanzielles, Bildung und Arbeit, Freizeitaktivitäten, soziales Netzwerk), sodass eine pauschale Aussage wenig Sinn macht.[144] Und auch die Art der Behinderung beziehungsweise schweren Erkrankung macht einen großen Unterschied – ist das Geschwister ein Kind mit Downsyndrom, Autismus oder Krebs? Geschwister von Kindern mit Downsyndrom kommen gut mit der Situation zurecht, während es bei Krankheitsbildern unterschiedliche Ergebnisse gibt.[145] Hartmut Kasten stellt fest: »Je stärker die Behinderung, desto ungleicher wird die Beziehung zwischen den Kindern, und die gesunden Kinder rutschen mehr und mehr in die Helferrolle hinein.«[146]

**Glückliches Paar – vielleicht glückliche Kinder.** Wenn sich die Partner gut verstehen, dann verstehen sich Kinder in Stiefvaterfamilien mit dem neuen Partner ihrer Mutter auch gut. Wenn sich hingegen die neuen Partner gut verstehen und die Frau neu in die Familie kam, dann ist der Effekt umgekehrt: Je besser sich die beiden verstehen, desto mehr sind die Kinder des Vaters, vor allem Mädchen, auf dem Rückzug.[147]

**Patchwork – Zeit ist der wichtigste Faktor.** Geduld ist ein sehr, sehr wichtiger Faktor für alle, die eine gut funktionierende Patchworkfamilie aufbauen wollen. Es kann ein, zwei, aber auch fünf Jahre dauern, bis die Kinder sich in die neue Familie eingefunden und ihre Geschwister akzeptiert haben. Kinder im Alter zwischen sechs und achtzehn Jahren brauchen bis zu viereinhalb Jahre, um sich ganz in ihrer neuen Familie zurechtzufinden, sagt der Psychologe James H. Bray vom Baylor College of Medicine in Houston, Texas, in einem Interview mit der *Washington Post*.[148]

**Patchwork – es kann auch gut sein.** Zwar haben Kinder, die eine Trennung miterlebt haben, eine höhere Wahrscheinlichkeit, sich als Erwachsene auch von ihrem Partner zu trennen. Dennoch hat nur eines von fünf Kindern eine schlechte Beziehung zu seinen Stiefeltern, und eine gute Stieffamilie kann sogar Wunden heilen, die die destruktiven Beziehungen der Ursprungsfamilie aufgerissen haben, sagt der bereits zitierte James H. Bray.[149] Der Psychologe und Stieffamilien-Experte Mavis Hetherington sieht in einer viel beachteten, über zwanzig Jahre Kinder begleitenden Studie, dass die meisten Kinder sich auch nach einer Trennung der Eltern gut ins Leben einfinden. Sie sind immer noch traurig, aber sie führen ein gesundes und zufriedenstellendes Leben und sind nicht mehr oder weniger krank als Kinder aus nicht getrennten Kernfamilien.[150]

## Falsche Erwartungen

### Sie werden das neue Baby lieben!

Ein weiteres Baby mag ein Paar näher zusammenbringen, das sich neu gefunden hat – für die bereits geborenen Kinder ist es in fast jeder Konstellation eine Herausforderung. Wir dürfen nicht zu viel erwarten von diesem neuen Glück und vor allem von den Kindern. Wenn wir ihnen Zeit lassen und ihnen immer wieder versichern, dass sie geliebt und sicher sind, kommen sie am besten durch diese Zeiten.

### Das Leben wird schwer werden!

Das Leben mit einem behinderten Kind prägt die gesamte Familie. Doch was wir daraus machen, hängt zu großen Teilen von den Ressourcen und Bewältigungsstrategien der Eltern ab. Wenn wir unsere Anpassungsprozesse gut durchlaufen, von Trauer und vielleicht Schock über die Therapiesuche wieder zurück in einen weitgehend normalen, geregelten Alltag finden, können unsere anderen Kinder von dieser Situation sogar profitieren.

### Die Kinder sind überfordert!

Eltern neigen dazu, Kindern nicht zu sagen, was wirklich passiert, weil sie sie nicht überfordern wollen. Wenn Sie diesen Impuls verspüren, sprechen Sie mit einem Profi darüber. Kinder »riechen«, wenn etwas im Busch ist, was ihnen nicht erzählt wird, und reagieren oft mit Schlafproblemen, Wutanfällen oder Rückzug. Versuchen Sie lieber, kindgerecht die Dinge in Worte zu fassen – nicht zu detailliert, undramatisch, klar.

Was auf dem Tisch liegt, verliert sofort seine Bedrohung, und im Idealfall entspannen sich die Kinder wieder.

### Da müssen jetzt alle durch!

Ja, durch viele Dinge muss man durch. Aber nicht allein. Kinder brauchen Begleitung, und bestimmte Prozesse erfordern einfach Zeit. Wir sollten immer mal wieder checken, wie es den Kindern und uns selbst geht, und uns nicht hetzen lassen von äußeren Zwängen, sondern so weit wie möglich unseren Rhythmus leben. Das kann auch heißen, dass ein belastetes Kind jetzt mal ein paar Tage zu Hause bleibt, auch wenn Schulpflicht besteht.

# Dos and Don’ts

## Was Eltern lassen und stattdessen tun könnten

*»Mama, lass uns! Wir kriegen das hin!*
*Wir streiten nur gerade, wer zuerst aufs Klo darf.*
*Und wir haben gerade entschieden:*
*Sie ist Padmé Amidala und ich ein Klonkrieger,*
*und jetzt lösen wir das spielerisch!«*

MEIN SOHN, ZEHN JAHRE ALT

### Drei Fallen, die Eltern unbedingt vermeiden sollten

Wenn ich Ratgeber lese, bin ich oft überwältigt von all den Dingen, die ich anders machen könnte. Vieles scheint so einleuchtend, aber wo soll ich denn bloß anfangen? In diesem Kapitel will ich daher die aus meiner Sicht wichtigsten Grundsätze noch einmal in aller Kürze zusammenfassen. Fangen wir an mit den Sachen, die wir nicht mal tun müssen – nur bleiben lassen.

### *Vergleichen Sie die Kinder nicht*

Auch wenn es noch so naheliegt und verlockend ist – der Vergleich ist das Ende vom Glück. Jedes Kind hat seine eigenen Stärken und Schwächen. Wir dürfen die Kinder nicht vergleichen und nicht bewerten, sonst werden wir in jedem Fall Streit, Traurigkeit und Entfremdung heranzüchten. Jedes Kind hat seine eigene Persönlichkeit und muss damit wertgeschätzt werden.

Versuchen Sie auch einzugreifen, wenn andere ihre Kinder vergleichen, wenn Verwandte oder Freunde es nicht lassen können. Sie können ganz entspannt sagen: »Ich finde nicht, dass man das vergleichen kann. Jedes Kind ist ja völlig anders.«

### *Ergreifen Sie niemals Partei*

Egal, was Sie zu sehen meinen – lassen Sie sich niemals in die Rolle des Schiedsrichters drängen. Eltern sollten Coaches, Mediatoren, Vermittler und Zuhörer sein. Als Polizisten, Richter und Detektive eignen wir uns nicht. Ist auch viel zu anstrengend. Hören Sie zu, aber entscheiden Sie nicht, wer recht hat, wer angefangen hat oder wer schuld ist. Wenn klar ist, wer es war, schlucken Sie Ihr »Du schon wieder!« herunter, denn so würden wir ein Kind in die Rolle des schwarzen Schafs oder Sündenbocks drängen, was nachweislich schädlich für die gesamte Familie ist.

Fragen Sie auch niemals: »Wer war das?«, aber sagen Sie durchaus ehrlich, dass sie ein bestimmtes missliebiges Verhalten nicht wollen, und überlegen Sie mit den Kindern, wie man es wiedergutmachen kann. Meine Kinder hören mich durchaus mal genervt sagen: »Mir ist egal, wer angefangen hat und wer das hier war, aber ich will, dass das nicht passiert! Wie machen wir das wieder sauber, und wie können wir verhindern, dass so etwas noch mal vorkommt?«

TIPP

**Lösungen statt Schuldzuschreibungen**

Wenn wir den Kindern beibringen, dass wir lieber Lösungen finden, statt Schuld zuzuweisen, macht es das Leben auf Dauer für alle einfacher. Ich sage das meinen Kindern genau so: »Mich interessiert gar nicht, wer angefangen hat. Mich interessiert, wie wir diesen Nachmittag weiter friedlich verbringen können – habt ihr eine Idee?«

### *Rasten Sie nie aus*

Manche Erziehungsexperten behaupten, dass Eltern einmal am Tag herumschreien dürfen. Mag sein, dass die Kinder davon keinen klinisch relevanten Schaden nehmen, aber klug ist das nicht. Wenn wir Eltern einmal täglich brüllen müssen, um unseren Tag zu schaffen, haben wir entweder zu viel äußeren Stress, zu viel innere Spannung oder beides. Wir wollen den Kindern lieber beibringen, wie man starke Emotionen reguliert: durch bewusstes Atmen, kurzes Rausgehen, Weinen, Abwarten, das Trinken eines Glases Wasser – was immer ihnen hilft. Wenn Kinder lernen sollen, Konflikte und damit Stress und Spannung durch Selbstregulation und Verhandlung zu lösen, dann müssen wir das auch vorleben.

Nicht vergleichen, niemals Partei ergreifen, nicht ausrasten – gar nicht so einfach? Ja, geht mir auch so. Kinder verbrauchen sehr viel unserer Zeit, Kraft und Energie, vor allem, wenn sie sehr klein sind. Und auch die Lektüre dieses Buchs wird nicht dazu führen, dass Ihre Kinder ausschließlich friedlich miteinander spielen und man sie nicht hört und sieht. Im Gegenteil. Anfangs könnte sogar alles noch anstrengender werden: »Es wird Tage geben, wenn Sie es einfach nicht bis zum Abwasch, der Wäsche, den Mails schaffen. Der einzige Weg, Ihre Kinder davon abzuhalten, dass sie aufeinander losgehen, wird sein, auf dem Boden bei ihnen zu sitzen und Streit zu verhindern, wird sein, sie darin zu begleiten, wie sie ihre Gefühle und Bedürfnisse ausdrücken, ohne einander anzugreifen, und Wege zu finden, wie wir durch Lachen oder Tränen Spannung in Nähe verwandeln können.«[151]

Viel zu selten steht dann abends jemand neben uns und sagt: »Gut gemacht.«

Daher sage ich es jetzt:

*»Gut gemacht!*
*Sie machen das wunderbar!*
*Sie sind die besten Eltern,*
*die Ihre Kinder sich wünschen können.«*

Überlegen Sie sich in schwierigen Phasen einmal am Tag, was mir Ihre Kinder sagen würden, wenn ich sie fragte: »Was ist wunderbar an deinen Eltern?« Schreiben Sie es auf. Hängen Sie es an den Badezimmerspiegel: »Mama liest mir jeden Abend vor. Ich liebe das. Papa tobt so schön, das tut so gut.« Schauen Sie dorthin. Es wird Ihnen Kraft geben für noch eine Runde »Okay, wer braucht gerade was?«.

Es lohnt sich! Es wird nicht für immer so sein. Denn wenn wir es schaffen, den Kindern immer wieder die Erfahrung zu vermitteln, wie es friedlich gehen könnte, dann bauen wir ein Fundament, auf dem am Ende eine zumindest respektvolle, im Idealfall liebevolle Geschwisterbeziehung steht, mit der wir unterm Strich deutlich weniger Arbeit haben. Und wenn wir es dann noch wollen, können wir immer noch einen perfekten Haushalt führen, Bücher schreiben, Karriere machen oder um die Welt segeln (dort treffen Sie dann mich, wenn meine zwei Wilden aus dem Gröbsten heraus sind).

## Die eine Sache, die alle Eltern tun sollten

Manchmal sehen Eltern meine Bücher und sagen mir: »Nein danke, das lese ich nicht, ich will gar nicht wissen, was wir bisher schon alles falsch gemacht haben!«

Ich verstehe das. Ich will mich auch nicht damit aufhalten, was ich schon alles falsch gemacht habe. Ich will Lösungen! Und deshalb schreibe ich Bücher mit Lösungen. Wenn ich Eltern also nur einen einzigen Tipp geben sollte, wäre es dieser hier:

*»Bleiben Sie in Kontakt.*
*Sagen Sie Ihrem Kind mit allem,*
*was Sie tun, aus ganzem Herzen:*
*›Ich bin für dich da.‹«*

Ganz einfach. Das ist schon alles. Cool, oder?

Auch wenn Ihre Kinder noch so anstrengend, laut und verstockt wirken, machen Sie nicht die Tür zu. Nicht die vom Kinderzimmer und vor allem nicht die Tür zu Ihrem Herzen. Das ewige Gezanke nervt Sie unsäglich, und Sie würden die Kinder am liebsten in der Luft zerreißen, weglaufen oder einfach in eine Starre fallen? Das ist okay. Aber tun Sie es bitte nicht. Bleiben Sie da. Dieses ganze Buch handelt davon, wie wir in Kontakt mit unseren geliebten Kindern bleiben. – Konkret heißt das:

- Bleiben Sie, wann immer möglich, körperlich anwesend, gehen Sie nicht fort.
- Bleiben Sie im Herzen da, schauen Sie mit dem Herzen Ihre Kinder an.
- Hören Sie Ihren Kindern zu, lassen Sie sie ausreden.
- Sehen Sie Ihre Kinder an, sehen Sie, wie zerbrechlich und bedürftig sie sind.
- Rufen Sie sich in Erinnerung, wie hinreißend diese Kinder sein können – und oft sind.
- Sehen Sie Ihren Kindern ins Herz, und sehen Sie, wie sehr die Kinder Ihre Begleitung brauchen.
- Fühlen Sie sich in Ihr Kind ein – wie fühlt sich diese Situation an, wenn man so klein und abhängig ist?
- Wenn Sie manchmal etwas denken wie »Dieses Kind ist furchtbar!«, erlauben Sie sich das, aber halten Sie nicht daran fest, lassen sie es los.

Unsere Kinder können nichts dafür, dass sie klein sind, dass sie manches noch nicht können, dass sie mit einer neuen Situation, einem neuen Menschen oder schlicht ihrem Temperament überfordert sind. Kinder wollen kooperieren und Teil einer glücklichen Familie sein. Dazu gehört auch, dass sie lernen dürfen, wie man Konflikte austrägt, wie man gemeinsam Veränderungen meistert und wie man immer wieder zusammenfindet.

### *Kinder sind Kinder*

Der Familientherapeut Jesper Juul schreibt: »Wenn Eltern frustriert über die Beziehung zu ihren Kindern sind, ist das niemals die Schuld der Kinder.« Seine Faustregel für alle Erziehungsmaßnahmen: Falls Sie in Erwägung ziehen, Ihrem Kind gegenüber irgendeine »Methode« anzuwenden, dann überlegen Sie zuerst, ob Sie etwas Entsprechendes mit Ihrem Partner tun würden.[152]

Es gibt drei Maßnahmen, die uns dabei helfen können, mit den verschiedensten Situationen im Geschwisteralltag umzugehen:

- **Trainieren Sie Ihre Körperwahrnehmung.** Wenn wir in Stress geraten, sobald die Kinder wieder streiten, dann verlieren wir oft den Kontakt zu unserem Körper und damit auch den Kontakt zu unserer Liebe und unserer Empathie. Wir können das verhindern, indem wir immer wieder trainieren, uns unbewusste Prozesse bewusst zu machen und in Ruhe zu kommen. Jeden Morgen zehn bewusste Atemzüge können schon Wunder wirken. Wer weitergehen will, kann in Atemseminaren, Yoga-Klassen oder bei einem Körpertherapeuten lernen, auch unter Stress mit sich, seinem Körper und seinen Kindern in Kontakt zu bleiben.
- **Trainieren Sie Ihre Achtsamkeit.** Wenn wir genervt, überfordert oder gestresst sind, sehen wir die Dinge negativ. Wir

sehen auch unsere Kinder negativ und alles, was sie tun. Achtsamkeitstraining hilft unserem Gehirn, diesen Kreislauf zu durchbrechen. Wir lernen, mehr zu sein und weniger zu tun, mehr zu sehen und weniger zu bewerten. Trinken Sie morgens eine Tasse eines warmen Getränks, und nehmen Sie einfach nur wahr, wie es sich anfühlt. Schauen Sie einmal am Tag Ihre Kinder an, und machen Sie sich ganz bewusst, was für wunderbare Geschöpfe das doch sind! Fühlen Sie in Ihr Herz, wenn Sie Ihren Kindern in Gedanken sagen, wie wahnsinnig Sie sie lieben, und bewahren Sie sich dieses Gefühl. Wenn die Kinder streiten und Sie kurz davor sind, eines von ihnen auszuschimpfen, versuchen Sie, sich an dieses Gefühl von Liebe zu erinnern.

- **Sorgen Sie für sich.** Es ist schwer, mit anderen in Kontakt zu sein, wenn ich mit mir selbst nicht in Kontakt bin. Wenn ich nicht genug schlafe, nicht – oder zu viel – esse, mich nicht genug bewege, zu wenig Sonnenlicht und zu wenig Ruhe habe. Viele Eltern lachen mich an dieser Stelle aus, aber wir sollten uns darüber im Klaren sein, dass Selbstfürsorge das Beste ist, was wir für unsere Kinder tun können. Fangen Sie klein an: fünf Minuten hier, zehn Minuten da. Schlafen und essen Sie ausreichend.

Wir sollten uns immer vor Augen halten: Kinder sind abhängiger von uns als jeder andere Mensch. Kinder können sich nicht trennen, nicht weggehen, sie haben sich diese Geschwister nicht ausgesucht. Sie brauchen unsere volle Unterstützung auf ihrer Reise ins Leben. Wir können den Weg nicht für sie gehen, aber wenn es steinig und steil wird, können wir an ihrer Seite bleiben. Und es lohnt sich!

»Nein, danke, bei uns ist es eh schon egal!« Hm. Ist das so? Ich denke von ganzem Herzen, dass es für einen Neustart nicht darauf ankommt, was wir bisher gemacht haben. Gestern ist vorbei. Heute ist heute. Was morgen ist, wissen wir nicht. Also starten wir einfach heute. Ein Satz, der mir selbst in meiner Kindererziehung immer wieder hilft, ist dieser: »Es gibt praktisch nichts, was man mit Liebe nicht wiedergutmachen kann.« Und meine Erfahrung sagt mir: Ja, das stimmt. Ich war auch schon oft gestresst von meinen Kindern, laut und unfreundlich. Aber meine Kinder sind so viel nachsichtiger mit mir als ich selbst! Und sie entwickeln sich sofort wieder prächtig, sobald ich in Balance bin.

Liebe, das heißt im Falle der Kindererziehung: Bindung. Kontakt. Kuscheln. Einander in die Augen zu schauen. »Ich hab dich so lieb« sagen (und meinen). Streicheln. Auf den Schoß nehmen – auch die Großen! Ganz da sein. Sich jede Blume einzeln ansehen, die das Kind gepflückt hat. Nicht nur anwesend sein, sondern präsent.

TIPP

**Schritt für Schritt**

Elternschaft sollte kein weiterer Punkt auf einer ohnehin schon zu vollen To-do-Liste sein. Sie soll Freude bereiten und leicht sein. Wenn wir also das Gefühl haben, etwas verändern zu müssen, dann können wir nachsichtig mit uns und den Kindern sein. Fangen Sie klein an. Lenken Sie Ihre Schritte liebevoll, aber beharrlich dorthin, wohin es Ihr Herz zieht. Einfach jeden Tag ein bisschen.

Denn wenn die Kinder sich viel streiten, wenn eines der Kinder sich zurückgezogen hat oder die Situation der Familie für alle gerade schwierig ist, können wir jeden Tag sehr viel tun, ohne viel tun zu müssen. Wir können damit anfangen, unseren Kindern jeden Tag einmal von ganzem Herzen zu sagen, wie schön es ist, dass sie unsere Kinder sind. Das kann so viel verändern. Und dann gehen wir Schritt für Schritt, jeden Tag ein kleines bisschen weiter. Julia Dibbern und ich haben in unserem Buch *Slow Family* den »Jeden-Tag-Effekt« zu unserem Lieblingseffekt gekürt.[153]

Der Effekt besagt, dass wir nicht 500 Dinge gleichzeitig tun müssen, um gute Eltern zu sein. Sondern immer nur eine Sache, diese aber jeden Tag, immer wieder. Wenn wir jeden Tag einmal ruhig ins Kinderzimmer kommen und die Kinder liebevoll ansprechen, obwohl sie streiten, wenn wir jeden Tag einmal unserem Großen zugestehen, dass er frustriert ist, und unsere Kleine nicht in die Rolle der »süßen Braven« drängen, wenn wir jeden Tag einmal zehn Minuten Zeit für jedes der Kinder haben und ihm sagen, wie sehr wir es lieben – dann ist viel gewonnen.

# Anhang

## Statt einer Danksagung

Als ich anfing, für das Geschwisterbuch zu recherchieren, stellte sich mir bald eine existenzielle Frage: Darf ich, ein Einzelkind, über Geschwister schreiben?

Alle anderen Autoren, die ich las, hatten selbst Geschwister und reicherten ihre Bücher teils ausführlich mit ihren persönlichen Erinnerungen an. Ich tröstete mich damit, dass ich ja immerhin mit Geschwistern zusammenlebe, nämlich meinen beiden Kindern, die mir das tägliche Drama und Glück der Geschwisterbeziehung überdeutlich vor Augen führten! Dennoch nagte an mir ein stiller Zweifel.

Doch dann las ich in *Geschwister* von Susann Sitzler die entscheidende Stelle: Geschwister sind keine genetischen Verwandten, sondern »die Menschen, die auch schon in der Kindheit da waren«.[154]

Mein Herz tat einen Satz. Plötzlich wusste ich: Ich darf das! Ich bin gar kein Einzelkind!

Ich habe keine Geschwister, das stimmt. Doch als ich sechs Jahre alt war, änderte sich mein Leben schlagartig. Damals hatte ich nach schwerer Krankheit mein Gedächtnis verloren. Ich wusste kaum noch etwas und konnte mir nichts mehr merken – keine Namen, keine Zahlen, keine Wege. Eines Tages stand ich schluchzend auf der Straße, weil ich vergessen hatte, wo ich wohnte! Ich konnte mich an nichts erinnern – nicht an den Weg, nicht an die Nummer, nicht an die Straße, nicht an die Tür. Da kam ein Mädchen mit freundlichen, klug blitzenden blauen Augen und sagte: »Komm an meine Hand, wir kriegen das hin. Ich bringe dich nach Hause.« Und so war es.

Seitdem sind mehr als drei Jahrzehnte vergangen. Seitdem ist sie immer da gewesen. Sie bringt mich immer wieder »nach Hause«, wenn ich nicht mehr weiterweiß.

Zugegeben, unsere Beziehung ist keine »normale« Geschwisterbeziehung. Ja, wir haben als Kinder jede freie Minute miteinander verbracht, wir haben unsere Zimmer, unser Essen, unsere Klamotten, unsere Stifte geteilt. Wir haben uns gegenseitig beschützt, sind zueinander geflüchtet, haben aufeinander aufgepasst, füreinander gesorgt und nie, nie aneinander gezweifelt. Aber wir streiten nie, wir haben uns nie voneinander abgegrenzt. Wir leben die klassische Symbiose, die totale Verschmelzung.

Wir entschieden uns damals und bis heute für die bedingungslose Loyalität zweier Kinder, die einander die Hand gaben, um dem Berlin der Achtzigerjahre mit seinen ach so alternativen und doch am Ende überforderten, dysfunktionalen Familien, den hilflosen Erziehern, Lehrern und Sozialarbeitern zu entkommen. Um uns herum spielte sich das ganze Drama menschlicher Abgründe ab – wir sind an Orten gewesen, die die meisten Menschen in ihrem Leben nie gesehen haben. Viele um uns herum haben es nicht geschafft. Aber wir haben es geschafft. Wir leben. Wir sind gesund. Wir müssen niemandem mehr etwas beweisen.

Und beim Schreiben dieses Buches habe ich verstanden, warum: Wir sind Schwestern. Wir waren es immer.

Daher danke ich all den Menschen, die dieses Buch möglich gemacht haben – meiner wunderbaren Lektorin Silke Foos für ihr sicheres Gespür für Themen, hinreißende Slogans und ihre göttlichen Mails, meinem Verlagschef für sein Vertrauen und sein offenes Ohr, meinem Mann für seine Geduld mit einer Wohnung, in der sich überall Bücher stapeln, Zeitungsausschnitte herumfliegen und Blumen vertrocknen, meinen Kindern danke ich für die unzähligen Trainingsstunden in Konfliktlösung, meinen Eltern für ihre Unterstützung, Steve Jobs für die Erfindung des Macintosh und allen Fair-Trade-Kaffee- und -Kakao-Produzenten dieser Welt für – nun ja: Kaffee und Schokolade!

Dir, meiner Schwester, aber danke ich am meisten. Man kann uns biegen, doch wir werden niemals brechen. Wo immer du auch bist, du wirst immer mein Zuhause sein.

In Liebe, N.

# Anmerkungen

1 Siehe Nicola Schmidt: *artgerecht – Das andere Baby-Buch*, Kösel, München 2015; Sarah Blaffer Hrdy: *Mütter und Andere. Wie die Evolution uns zu sozialen Wesen gemacht hat*, Berlin Verlag, Berlin 2010.

2 Siehe auch Steve Heitzer: *Kinder sind nichts für Feiglinge. Ein Übungsweg der Achtsamkeit*, Arbor, Freiburg 2016.

3 Jirina Prekop: *Erstgeborene. Über eine besondere Geschwisterposition*, Kösel, München 2000, S. 18 f.

4 R. Plomin und D. Daniels: »Why are children in the same family so different from one another?«, *Behavioral and Brain Sciences*, 10 (1), 1987, S. 1–16.

5 Jeffrey Kluger: *The Sibling Effect. What the Bonds Among Brothers and Sisters Reveal About Us*, Penguin Random House, New York 2011, S. 58, 61, 69, 71, 73.

6 Judy Dunn und Robert Plomin: *Warum Geschwister so verschieden sind*, Klett-Cotta, Stuttgart 1996, zitiert nach Hans Sohni: *Geschwisterdynamik*, Psychosozial-Verlag, Gießen 2014, S. 55.

7 Hartmut Kasten: *Geschwister. Vorbilder, Rivalen, Vertraute*, Ernst Reinhardt Verlag, München 2003, S. 43.

8 Sohni, a.a.O., S. 42.

9 Gabriele Haug-Schnabel, Joachim Bensel und Evelin Kirkilionis: *Mein Kind in guten Händen. Wie Kinderbetreuung gelingen kann*, Herder, Freiburg 1997, S. 17, sowie NICHD Early Child Care Research Network: »Child-Care Effect Sizes for the NICHD Study of Early Child Care and Youth Development«, *American Psychologist*, 61 (2), 2006, S. 99–116.

10 D. Buhrmester und W. Furman: »Perceptions of Sibling Relationships During Middle Childhood and Adolescence«, *Child Development*, 61 (5), 1990, S. 1387–1398.

11 Sarah Blaffer Hrdy: *Mutter Natur. Die weibliche Seite der Evolution*, Berlin Verlag, Berlin 2000, S. 364.

12 Marjorie Shostak: *Nisa erzählt. Das Leben einer Nomadenfrau in Afrika*, Rowohlt, Reinbek 2001, S. 14.

13 Siehe auch Dr. Laura Markham: *Peaceful Parent – Happy Siblings*, Penguin Books, New York 2015, S. 57.

14 Ebenda, S. 58.

15 Kasten: *Geschwister*, a.a.O., S. 22.

16 Vgl. auch Catherina Rust: *Das Mädchen vom Amazonas. Meine Kindheit bei den Aparai-Wajana-Indianern*, Knaus, München 2011.

17 H. Keller, M. Abels, B. Lamm, R.D. Yovsi, S. Voelker und A. Lakhani: »Ecocultural Effects on Early Infant Care: A Study in Cameroon, India, and Germany«, *Ethos*, 33 (4), 2005, S. 512–541.

18 Bettina Lamm: *Children's ideas about infant care. A comparison of rural Nso children from Cameroon and German middle class children*, Dissertation, Universität Osnabrück 2008, S. 83.

19 Thomas Weisner: »Cultural and Universal Aspects of Social Support for Children: Evidence from the Abaluyia of Kenya«, in Deborah Belle: *Children's Social Networks and Social Supports*, Wiley, New York 1989, S. 70.

20 Ebenda, S. 82.

21 A.E. Maynard: »Cultural Teaching: The Development of Teaching Skills in Maya Sibling Interactions«, *Child Development*, 73 (3), 2002, S. 969–982.

22 Patricia G. Zukow: *Sibling Interaction Across Cultures*, Springer, New York 1989, S. 32.

23 Kasten: *Geschwister*, a.a.O., S. 15.

24 Nicola Schmidt: *Mut – wie Kinder rüber sich hinauswachsen*, Beltz, Weinheim 2014, S. 113, und Richard Louv: *Das letzte Kind im Wald*, Beltz & Gelberg, Weinheim 2011, S. 34.

25 E.J. Mash und C. Johnson: »Sibling Interactions of Hyperactive and Normal Children and Their Relationship to Reports of Maternal Stress and Self-Esteem«, *Journal of Clinical Child Psychology*, 12, 1983, S. 91–99.

26 G.H. Brody, Z. Stoneman und K. Gauger: »Parent-Child Relationships, Family Problem Solving Behavior, and Sibling Relationship Quality: The Moderating Role of Sibling Temperaments«, *Child Development*, 67, 1996, S. 1289–1300.

27 J.M. Rohrer, B. Egloff und S.C. Schmukle: »Examining the effects of birth order on personality«, *Proceedings of the National Academy of Sciences of the United States of America, PNAS*, 112 (46), 2015, S. 14224–14229.

28 D.M. Teti und K.E. Ablard: »Security of Attachment and Infant-Sibling Relationships: A Laboratory Study«, *Child Development*, 60 (6), 1990, S. 1519.

29 S. Auerbach, W. Ruch und A. Fehling: (2016). »Positive emotions elicited by clowns and nurses: An experimental study in a hospital setting«, *Translational Issues in Psychological Science (Special Issue: The Psychology of Humor)*, 2, 2016, S. 14–24.

30 W. Ruch, J. Hofmann, S. Rusch und H. Stolz: »Training the sense of humor with the 7 Humor Habits Program and satisfaction with life«, *HUMOR: International Journal of Humor Research*, Epub, 2018.

31 Michael Tomasello und Katharina Hamann: *Kooperation bei Kleinkindern*, Max-Planck-Institut für evolutionäre Anthropologie, Leipzig, Forschungs-

bericht 2012, https://www.mpg.de/4658054/Kooperation_bei_Kleinkindern, Zugriff 25.5.2018.

32 A. Milevsky, K. Smoot, M. Leh und A. Ruppe: »Familial and Contextual Variables and the Nature of Sibling Relationships in Emerging Adulthood«, *Marriage & Family Review*, 37 (4), 2005, S. 123–141.

33 Adele Faber und Elaine Mazlish: *Hilfe, meine Kinder streiten. Wie Sie Geschwistern helfen, einander zu respektieren*, Oberstebrink, München 2012, S. 61.

34 K. Kreppner, S. Paulsen und Y. Schütze: »Familiale Dynamik und sozialisatorische Interaktion nach der Geburt des zweiten Kindes«, *Zeitschrift für Sozialisationsforschung und Erziehungssoziologie*, 2, 1981, S. 291–297.

35 Astrid Lindgren: *Ich will auch Geschwister haben*, Oetinger, Hamburg, 13. Aufl. 1979, S. 14.

36 Mehr dazu in Nicola Schmidt: *artgerecht – Das andere Kleinkinderbuch*, Kösel, München 2018, S. 54.

37 Markham: *Peaceful Parent – Happy Siblings*, a.a.O., S. 244.

38 Ebenda.

39 Ebenda, S. 252.

40 Danke an meine Freundin Ulrike Löffler für den schönen Tipp!

41 Kreppner et al.: »Familiale Dynamik …«, a.a.O., S. 291–297.

42 Vgl. zum Beispiel Emmi Pikler: *Friedliche Babys – zufriedene Mütter. Pädagogische Ratschläge einer Kinderärztin*, Herder, Freiburg, 9. Aufl. 2008.

43 M. Schmidt, H. Rakoczy und M. Tomasello: »Young children enforce social norms selectively depending on the violator's group affiliation«, *Cognition*, 124 (3), 2012, S. 325–333.

44 C. Tesla und J. Dunn: »Getting Along or Getting Your Own Way: The Development of Young Children's Use of Argument in Conflicts with Mother and Sibling«, *Social Development*, 1 (2), 1992, S. 107–121.

45 Statista.de, https://de.statista.com/statistik/daten/studie/305338/umfrage/umfrage-in-deutschland-zur-haeufigkeit-des-kontakts-zu-den-eigenen-geschwistern/, Zugriff 21.6.2018.

46 Faber/Mazlish: *Hilfe, meine Kinder streiten*, a.a.O., S. 188 ff.

47 Prekop: *Erstgeborene*, a.a.O., S. 54.

48 Hartmut Kasten: *Der aktuelle Stand der Geschwisterforschung*, https://www.familienhandbuch.de/imperia/md/content/stmas/familienhandbuch/familienforschung-geschwister.pdf, S. 7, Zugriff 27.5.2018.

49 Judy Dunn und Carol Kendrick: *Siblings: Love, Envy and Understanding*, Harvard University Press, Cambridge, MA, 1982, S. 120.

50 M.F.H. Schmidt und J.A. Sommerville: »Fairness Expectations and Altruistic Sharing in 15-Month-Old Human Infants«, *PLoS ONE*, 6 (10), 2011, https://doi.org/10.1371/journal.pone.0023223, Zugriff 26.5.2018.

51 Annette Cina: *Stress für Eltern, Stress für Kinder. Stressbelastung der Eltern und kindliches Problemverhalten*, Tectum, Marburg 2011. S. 74.

52 M.R. Sanders und M. McFarland: »Treatment of depressed mothers with disruptive children: A controlled evaluation of cognitive behavioral family intervention«, *Behaviour Therapy*, 31, 2000, S. 89–112.

53 H. Keller: »Culture and development: Developmental pathways to individualism and interrelatedness«, in: W.J. Lonner et al. (Hg.): *Online Readings in Psychology and Culture*, 2002, Unit 11, Chapter 1, https://www.researchgate.net/publication/228976156_Culture_and_development_Developmental_pathways_to_individualism_and_interrelatedness, Zugriff 6.7.2018.

54 B. Rogoff und C.E. Mosier (2003): »Privileged treatment of toddlers: Cultural aspects of individual choice and responsibility«, *Developmental Psychology*, 39 (6), 2003, S. 1047–1060.

55 B.S. Hewlett: »The parent-infant relationship and social-emotional development among Aka Pygmies«, in J.L. Roopnarine und D.B. Carter (Hg.): *Parent-Child Socialization in Diverse Cultures*, Ablex Norwood, NJ, 1992, S. 223–244.

56 Vgl. u.a. Kasten: *Geschwister*, a.a.O., S. 77.

57 Faber/Mazlish: *Hilfe, meine Kinder streiten*, a.a.O., S. 115.

58 Vgl. zum Beispiel Manuela Lang und Kerstin Kaline: *Wie beeinflussen Erwartungen des Lehrers die Lehrer-Schüler-Interaktion?*, https://tu-dresden.de/mn/psychologie/lehrlern/ressourcen/dateien/lehre/lehramt/lehrveranstaltungen/motivationsfoerderung/stupla_leistungsbewertung/f_lehrererwartungen?lang=d, Zugriff 27.5.2018.

59 Faber/Mazlish: *Hilfe, meine Kinder streiten*, a.a.O., S. 109.

60 C.S. Dweck: »Praise for intelligence can undermine children's motivation and performance«, *Journal of Personality and Social Psychology*, 75 (1), 1998, S. 33–52.

61 »Schimpansenmädchen spielen mit Stock-Puppen«, *Spiegel Online*, 20.12.2010, http://www.spiegel.de/wissenschaft/natur/geschlechterrollen-schimpansen-maedchen-spielen-mit-stock-puppen-a-735668.html, Zugriff 27.5.2018.

62 A. Aznar und H.R. Tenenbaum: »Gender and age differences in parent-child emotion talk«, *British Journal of Developmental Psychology*, 33, 2015, S. 148–155.

63 J. Dunn, J. Brown und L. Beardsall: »Family Talk About Feeling States and Children's Later Understanding of Others' Emotions«, *Developmental Psychology*, 27, 1991, S. 448–455.

64 R.B. Felson und N. Russo: »Parental punishment and sibling aggression«, *Social Psychology Quarterly*, 51 (1), 1988, S. 11–18.

65 C. Drösser: »Haben Jungen mehr Testosteron im Blut als Mädchen?«, *Zeit Online* vom 10./12.12.2015, http://www.zeit.de/2015/48/hormone-testosteron-kleinkinder-unterschied-stimmts, Zugriff 27.5.2018.

66 Elizabeth A. Shirtcliff und Paula Ruttle: »Immunologische und neuroendokrine Dysregulation in der Folge früher Deprivations- und Stresserfah-

rungen«, in: Karl Heinz Brisch (Hg.): *Bindung und frühe Störungen der Entwicklung*, Klett-Cotta, Stuttgart 2011, S. 167–202 (Hervorhebung im Original).

67 R. von Bredow: »Der Männchenmacher«, *Spiegel Wissen*, 21.4.2009, http://www.spiegel.de/spiegel/spiegelwissen/d-65115057.html, Zugriff 27.5.2018.

68 Prekop: *Erstgeborene*, a.a.O., S. 148.

69 Ebenda, S. 55.

70 *Das Kloeters-Erziehungskonzept*, www.kloetersbriefe.de, Grundgedanke 1, Zugriff 27.5.2018.

71 Felson/Russo: »Parental punishment and sibling aggression«, a.a.O., S. 11–18.

72 Vgl. https://de.wikipedia.org/wiki/Etikettierungsansatz, Zugriff 19.6.2018.

73 E.A. Gunderson, S.J. Gripshover, C. Romero, C.S. Dweck, S. Goldin-Meadow und S.C. Levine: »Parent Praise to 1- to 3-Year-Olds Predicts Children's Motivational Frameworks 5 Years Later«, *Child Development*, 84, 2013, S. 1526–1541.

74 K.J. Waddell und F.L. Ball: *Parental knowledge questionnaire: The first two years. Paper presented at the meetings of the American Psychological Association*, Montreal, Quebec, August 1980.

75 P.D. Williams, A.R. Williams, M. Lopez und N.P. Tayko: »Mothers' developmental expectations for young children in the Philippines«, *International Journal of Nurses Studies*, 37 (4), 2000, S. 291–301.

76 J.H. Song et al.: »Aggression, Sibling Antagonism, and Theory-of-Mind During the First Year of Siblinghood: A Developmental Cascade Model«, *Child Development*, 87 (4), 2016, S. 1250–1263.

77 N. Eisenberg: »The Relations of Regulation and Emotionality to Children's Externalizing and Internalizing Problem Behavior«, *Child Development*, 72 (4), 2001, S. 1112–1134.

78 Markham: *Peaceful Parent – Happy Siblings*, a.a.O., S. xxiii.

79 M. Perlman und H.S. Ross: »The Benefits of Parent Intervention in Children's Disputes: An Examination of Concurrent Changes in Children's Fighting Styles«, *Child Development*, 64 (4), 1997, S. 690–700.

80 Markham: *Peaceful Parent – Happy Siblings*, a.a.O., S. 65.

81 Kluger: *The Sibling Effect*, a.a.O, S. 40.

82 Jeffrey Kluger: »The sibling bond«, Vortrag bei TEDxAsheville in Asheville, USA, im November 2011, https://www.ted.com/talks/jeffrey_kluger_the_sibling_bond, Zugriff 9.6.2018.

83 Kluger: *The Sibling Effect*, a.a.O, S. 41.

84 Michael Tomasello: *Why We Cooperate?*, MIT Press, Cambridge, MA, 2009, S. 7.

85 Martin R. Textor: »Gehirnentwicklung im Kleinkindalter – Konsequenzen für die frühkindliche Bildung«, in: Martin R. Textor und Antje Bostelmann

(Hg.): *Das Kita-Handbuch*, 2010, http://www.kindergartenpaedagogik.de/779.html, Zugriff am 27.5.2018.

86 A. Stein: »Sinn für Gerechtigkeit muss man Kindern anerziehen«, *Welt Online*, 18.11.2015, https://www.welt.de/gesundheit/psychologie/article149008502/Sinn-fuer-Gerechtigkeit-muss-man-Kindern-anerziehen.html, Zugriff 27.5.2018.

87 Kasten: *Der aktuelle Stand der Geschwisterforschung*, a.a.O., S. 2, Zugriff 27.5.2018.

88 Markham: *Peaceful Parent – Happy Siblings*, a.a.O., S. 17.

89 Danke an meinen Mann für dieses schöne Wort.

90 Markham: *Peaceful Parent – Happy Siblings*, a.a.O., S. 70.

91 Ebenda, S. 153.

92 Vgl. zum Beispiel https://www.praevention-bonn-rhein-sieg.de, Zugriff 28.5.2018.

93 Perlman/Ross: »The Benefits of Parent Intervention in Children's Disputes«, a.a.O., S. 690–700.

94 Ebenda.

95 Ebenda.; und J. Dunn und P. Munn: »Sibling Quarrels and Maternal Intervention: Individual Differences in Understanding and Aggression«, *Journal of Child Psychology and Psychiatry*, 27 (5), 1986, S. 585–595.

96 Faber/Mazlish: *Hilfe, meine Kinder streiten*, a.a.O., S. 154.

97 I. Kalman: »Sibling Bullying Research Can Destroy Anti-Bullying Movement«, *Psychology Today*, 22.7.2013, https://www.psychologytoday.com/blog/resilience-bullying/201307/sibling-bullying-research-can-destroy-anti-bullying-movement, Zugriff 28.5.2018.

98 Orientiert an Peter Kruses: »8 Regeln für den totalen Stillstand«, https://www.youtube.com/watch?v=4f_mIRrns2U, Zugriff 28.5.2018.

99 Schmidt: *artgerecht – Das andere Kleinkinderbuch*, a.a.O., S. 125–152.

100 Nicola Schmidt: *artgerecht – Der andere Familienkalender – 2019* –, Kösel, München 2018.

101 H.S. Ross und M.J. Lazinski: »Parent Mediation Empowers Sibling Conflict Resolution«, *Early Education and Development*, 25 (2), 2014, S. 259–227.

102 Felson/Russo: »Parental punishment and sibling aggression«, a.a.O., S. 11–18.

103 Marc H. Bornstein: *Handbook of Parenting, Volume 1*, Lawrence Erlbaum Associates, Mahwah, NJ, 2002, S. 169.

104 G.H. Brody, Z. Stoneman und K. Gauger: »Parent-Child Relationships, Family Problem Solving Behavior, and Sibling Relationship Quality: The Moderating Role of Sibling Temperaments«, *Child Development*, 67, 1996, S. 1289–1300.

105 A.E. Siegel und L.G. Kohn: »Permissiveness, Permission, and Aggression: The Effect of Adult Presence or Absence on Aggression in Children's Play«, *Child Development*, 30, 1959, S. 131–141.

106 M. Goyal et al.: »Meditation Programs for Psychological Stress and Well-Being«, *AHRQ Comparative Effectiveness Reviews*, Januar 2014, https://www.ncbi.nlm.nih.gov/pubmed/24501780, Zugriff 28.5.2018.

107 Prekop: *Erstgeborene*, a.a.O., S. 59.

108 Sohni: *Geschwisterdynamik*, a.a.O., S. 66.

109 Faber/Mazlish: *Hilfe, meine Kinder streiten*, a.a.O., S. 91.

110 Coks Feenstra: *Das große Zwillingsbuch*, Beltz, Weinheim 2010, S. 244.

111 A. O'Connor: »When the Bully Is a Sibling«, *The New York Times*, 17.6.2013, https://well.blogs.nytimes.com/2013/06/17/when-the-bully-is-a-sibling, Zugriff 28.5.2018.

112 H.M. Wellman et al.: »Observant, nonaggressive temperament predicts theory of mind development«, *Developmental Science*, 14 (2), 2011, S. 319–326.

113 Ebenda.

114 S. Abuhatoum und N. Howe: »Power in Sibling Conflict«, *Social Development*, 22, 2013, S. 738–754.

115 E.E. Maccoby und J.A. Martin: »Socialization in the context of the family: Parent-child interaction«, in P.H. Mussen (Hg.): *Handbook of Child Psychology*, Bd. 4, Wiley, New York, 4. Aufl. 1983, S. 1–101.

116 C.E. MacKinnon: »An observational investigation of sibling interactions in married and divorced families«, *Developmental Psychology*, 25, 1989, S. 36–44.

117 G.H. Brody, Z. Stoneman und J.K. McCoy: »Associations of maternal and paternal direct and differential behavior with sibling relationships: Contemporaneous and longitudinal analyses«, *Child Development*, 63, 1992, S. 82–92.

118 Victor G. Cicirelli: *Sibling Relationships Across the Lifespan*, Plenum Press, New York 1995, S. 213.

119 Cina: *Stress für Eltern, Stress für Kinder*, a..a .O., S. 74.

120 A.F. Bullinger, F. Zimmermann, J. Kaminski und M. Tomasello: »Different social motives in the gestural communication of chimpanzees and human children«, *Developmental Science*, 14 (1), 2011, S. 58–68.

121 V. Talar: »The effects of punishment and appeals for honesty on children's truth-telling behavior«, *Journal of Experimental Child Psychology*, 130, 2015, S. 209–217.

122 R. Dunbar: »Bridging the bonding gap: The transition from primates to humans«, *Philosophical Transactions of the Royal Society of London. Series B, Biological Sciences*, 367 (1597), 2012, S. 1837–1846.

123 R. Dunbar: »Performance of music elevates pain threshold and positive affect: Implications for the evolutionary function of music«, *Evolutionary Psychology*, 10 (4), 2012, S. 688–702.

124 P. Reddish: »Let's Dance Together: Synchrony, Shared Intentionality and Cooperation«, *PLoS ONE*, 8 (8), 2013, http://journals.plos.org/plosone/article?id=10.1371/journal.pone.0071182, Zugriff 29.5.2018.

125 D. Weinstein et al.: »Group music performance causes elevated pain thresholds and social bonding in small and large groups of singers«, *Evolution and Human Behavior*, 37 (2), 2016, S. 152–158.

126 Jean Liedloff: *Auf der Suche nach dem verlorenen Glück. Gegen die Zerstörung unserer Glücksfähigkeit in der frühen Kindheit*, C.H. Beck, München 2006, S. 122.

127 Ilse Achilles: *… und um mich kümmert sich keiner. Die Situation der Geschwister behinderter Kinder*, Piper, München 1997, S. 189 (Interview mit Thomas von Stosch).

128 T. DeAngelis: »Stepfamily success depends on ingredients«, American Psychological Association, *Monitor on Psychology*, 36 (11), 2005, S. 58, http://www.apa.org/monitor/dec05/stepfamily.aspx, Zugriff 29.5.2018.

129 Kasten: *Geschwister*, a.a.O., S. 156 ff.

130 Vgl. DeAngelis: »Stepfamily success depends on ingredients«, a.a.O.

131 Vgl. ebenda.

132 Kasten: *Geschwister*, a.a.O., S. 161.

133 Ebenda, S. 166.

134 Ebenda, S. 162.

135 Raquel Palacio: *Wunder*, Carl Hanser, München 2013, S. 103.

136 Achilles: *… und um mich kümmert sich keiner*, a.a.O., S. 116.

137 Ebenda.

138 Faber/Mazlish: *Hilfe, meine Kinder streiten*, a.a.O., S. 125.

139 Ebenda, S. 126.

140 Achilles: *… und um mich kümmert sich keiner*, a.a.O., S. 189.

141 Ebenda, S. 116 f.

142 Sereina Heim: *Seelenkinder und wie sie in ihrer Familie wirken*, Kösel, München 2018, S. 149.

143 Ebenda.

144 C.J. Golics et al.: »The Impact of Disease on Family Members: A Critical Aspect of Medical Care«, *Journal of the Royal Society of Medicine*, 106 (10), 2013, S. 399–407.

145 I. O'Brien, A. Duffy und H.M. Nicholl: »Impact of childhood chronic illnesses on siblings: A literature review«, *British Journal of Nursing*, 18 (1358), 2009, S. 1360–1365.

146 Kasten: *Geschwister*, a.a.O., S. 183.

147 Ebenda, S. 165 f.

»Divorce After a Decade«, *The Washington Post*, 15.5.1985, https://www.washingtonpost.com/archive/lifestyle/wellness/1985/05/15/divorce-after-a-decade/c65b2777-85b8-4e01-a3c8-c0748256df3b/?noredirect=on&utm_term=.f8f776e2f493, Zugriff 29.5.2018.

149 »Study: Children of multiple divorces likely to do the same«, CNN, 11.8.1997, http://edition.cnn.com/US/9708/11/kids.divorce/index.html, Zugriff 29.5.2018.

150 E. Mavis Hetherington und John Kelly: *For Better or for Worse: Divorce Reconsidered*, W.W. Norton & Company, New York / London 2003, zitiert nach T. DeAngelis: »Stepfamily success depends on ingredients«, *American Psychological Association*, 36 (11), 2005, S. 58.

151 Markham: *Peaceful Parent, Happy Siblings*, a.a.O., S. xxii.

152 »Familientherapeut erklärt einen der größten Erziehungsfehler«, Blog, 23.1.2018/1.2.2018, https://www.huffingtonpost.de/entry/familientherapeut-erklart-einen-der-grossten-erziehungsfehler_de_5a676a65e4b0dc592a0d1db2, Zugriff 30.5.2018.

153 Nicola Schmidt und Julia Dibbern: *Slow Family. Sieben Zutaten für ein entspanntes Leben mit Kindern*, Beltz, Weinheim 2017, S. 77 und 221.

154 Susann Sitzler: *Geschwister*, Klett-Cotta, Stuttgart 2014/2017, S. 20.

# Impulse und Übungen

## Das können Sie tun, um in Zukunft manche Dinge anders zu machen

### Geschwister als Team – Impulse für eine starke Familie

»Nicola, das klingt alles gut in dem Buch, aber hast du eine Idee, wie man das üben kann? Wenn ich ruhig bin, weiß ich das alles, aber wenn die Kinder mich zur Weißglut bringen, dann kriege ich es einfach nicht hin!«

Ja, das geht mir auch so. Und keiner von uns muss immer friedlich und klug sein, denn Konflikte gehören zum menschlichen Zusammenleben dazu. Dennoch gibt es ein paar Tricks, wie wir es uns einfacher machen können. Nach all meinen Recherchen gibt es ein paar einfache Grundlagen für gesunde Kinder und friedliches Zusammenleben:

- einander sehen – unsere Kinder mit unserer ganzen Aufmerksamkeit wahrnehmen
- einander lieben – auch wenn es gerade schwierig ist
- einander verstehen wollen – auch wenn das Kind gerade Unverständliches tut
- in Kontakt bleiben – immer im Herzen fühlen, dass wir eine starke Familie sind

Das ist oft einfacher gesagt als getan. Wenn ich richtig aufgewühlt bin, steuert mich der Kampf- oder Flucht-Modus eines gestressten Gehirns. Mein Kind wird zum Berglöwen, der mein Leben bedroht. Und entsprechend reagiere ich dann: Ich will nur noch überleben, mich durchsetzen, Recht haben oder gewinnen. Auch wenn ein Kind eine schwierige Phase hat, kann es im Gehirn zu enormem Stress kommen und dann gibt es vielleicht den Moment, in dem wir uns denken »Immer dieses ... Kind!«. Und allzu oft im Alltag gehen wir – wenn der Druck zu groß wird – aus dem Kontakt. Wir schauen auf unser Smartphone, gehen von den Kindern weg, sind mit dem Herzen nicht dabei, »sehen« unsere Kinder nicht mehr als kleine, von uns abhängige, lernende, liebenswerte Wesen, sondern nur noch als anstrengende kleine Nervensägen, die ständig etwas von uns fordern.

Wir können unserem Gehirn und Herzen helfen, damit besser umzugehen. Schon kleine Veränderungen haben nachweislich eine enorme Wirkung! Daher habe ich hier die wichtigsten Übungen zusammen getragen.

Das Ziel ist in jeder Übung, sich unbewusste Prozesse bewusst zu machen, dem Denken und Fühlen eine neue Richtung zu geben und das Gehirn gut vorzubereiten, damit wir in stressigen Situationen etwas haben, auf das es automatisch zurückgreifen kann – das macht es uns deutlich einfacher.

**Nehmen Sie sich für die folgenden Übungen Zeit, leeres Papier und Ihre Lieblingsschokolade. Manche Übungen funktionieren am Besten, wenn man sie öfter macht.**

## Die Bestandsaufnahme

Was stört mich im Moment am meisten …

… an meinem Verhalten:

… am Verhalten meiner Kinder:

Was wünsche ich mir in unserer Beziehung …

… für mich:

… für meine Kinder:

Was tue ich, damit diese Wünsche nicht in Erfüllung gehen?

Was sollte ich tun oder lassen, damit diese Wünsche in Erfüllung gehen?

Was ist zauberhaft an meinen Kindern?
Was würden meine Kinder sagen, was ist zauberhaft an mir?

## ÜBUNG Soforthilfe für den Alltag

Nutzen Sie zwei Wochen lang jeden Tag jede Wartezeit (auf den Wasserkocher, auf den Bus, bis der Dreijährige seine Schuhe angezogen hat) für ein 15 Sekunden langes Check-In mit sich selbst:

1. Stoppen Sie, was immer sie gerade tun.
2. Atmen Sie ein paar Mal tief aus und wieder ein.
3. Entspannen Sie die Bauch-, Schultern-, Kiefer- und Nackenmuskulatur.
4. Fragen Sie sich: Wie geht es mir gerade?
5. Fragen Sie sich: Bin ich noch im grünen Bereich oder schon im roten?
6. Bewerten Sie die Antwort nicht, nehmen Sie sie einfach zur Kenntnis.
7. Danken Sie sich für diese kleine Aufmerksamkeit.

## Fragen, die die emotionale Intelligenz unserer Kinder fördern

Wie hast du dich gefühlt?

Was war es, was du wolltest?

Wie hast du versucht, es zu bekommen?

Was ist dann passiert?

Und – hast du erreicht, was du wolltest?

Hat dein Bruder / deine Schwester erreicht, was er/sie wollte?

Was meinst du, wie hat er/sie sich gefühlt?

Was könntest du nächstes Mal versuchen? Gibt es noch einen anderen Weg?

Was meinst du, was würde dann passieren?

Wie würdest du dich fühlen, wenn es so klappt?

Wie würde sich deine Schwester / dein Bruder fühlen, wenn es so klappt?

## Wie wir Situationen neu sehen

Unsere Kinder brauchen uns – besonders in Stresssituationen – empathisch und hilfreich. Aber wie kann das gehen, wenn sich zwei Kinder zum hundertsten Mal an diesem Sonntagvormittag streiten? Unser Gehirn kann lernen, die gleiche Situation anders zu bewerten – und damit ruhig und in Kontakt zu bleiben. Hier eine kleine Übung:

**Schritt 1: So war die Situation für mich**
**Ich sehe:** Die Kinder streiten andauernd und rauben mir den letzten Nerv.
**Ich denke:** Die machen mich fertig. Ich kann nicht mehr. Ich will nicht mehr! Was soll das?
**Ich fühle mich:** Wütend, hilflos, genervt, zunehmend gereizt, ich will nur weg.

**Schritt 2: So könnte man die gleiche Situation auch sehen**
**Ich sehe:** Zwei Kinder, die meine Hilfe brauchen, weil sie einfach nicht zueinander finden.
**Ich denke:** Oh je, die Kleinen schaffen es heute einfach nicht, obwohl sie doch eigentlich so gerne miteinander spielen möchten.
**Ich fühle mich:** Mitfühlend, teilnahmsvoll, ich will ihnen helfen, liebend.

Probieren Sie es aus: Wann haben Sie sich das letzte Mal schrecklich über Ihre Kinder geärgert? Weil sie Unsinn gemacht, sich gestritten, Ihnen das Leben schwer gemacht haben?

Schreiben Sie auf, wie Sie es wahrgenommen haben und was Sie gedacht und gefühlt haben:

**Ich sehe:**

**Ich denke:**

**Ich fühle:**

Wie könnte man die Situation noch sehen?

**Ich sehe:**

**Ich denke:**

**Ich fühle:**

Was könnte Sie daran erinnern, nächstes Mal die Sichtweise zu wählen, die Sie weniger genervt sein lässt?

## Was bereits gut läuft

Die wichtigste Grundlage für jede Form der Erziehung ist Selbstregulation – denn »in der Ruhe liegt die Kraft«. Schreiben Sie auf, wann Sie schon ruhig und besonnen auf Ihre Geschwisterkinder und ihre Streits und Launen reagiert haben. Wie kam es dazu, dass Sie damals so ruhig bleiben konnten? Sammeln Sie als Training für Ihr Gehirn hier drei dieser Erfahrungen:

1. Ich bin ruhig und besonnen geblieben, an dem Tag als ...
2. Ich konnte damals so ruhig und gelassen reagieren, weil ...
3. Ich könnte häufiger so ruhig bleiben, wenn ...
4. Ich bin ruhig und besonnen geblieben, an dem Tag als ...
5. Ich konnte damals so ruhig und gelassen reagieren, weil ...
6. Ich könnte häufiger so ruhig bleiben, wenn ...
7. Ich bin ruhig und besonnen geblieben, an dem Tag als ...
8. Ich konnte damals so ruhig und gelassen reagieren, weil ...
9. Ich könnte häufiger so ruhig bleiben, wenn ...

# »Klug recherchiert, humorvoll und erfrischend undogmatisch«

*Hebammenforum*

KÖSEL
www.koesel.de